LA GAUCHE SANS LE PEUPLE

Du même auteur

Sans oublier les enfants. Les camps de Pithiviers et de Beaune-la-Rolande, 19 juillet-16 septembre 1942, Grasset, 1991.

Vichy, un passé qui ne passe pas, avec Henry Rousso, Fayard, 1994, nouvelle édition augmentée : Gallimard, Folio/Histoire, 1996.

Le procès Papon. Un journal d'audience, Gallimard, 1998.

Éric Conan

La gauche sans le peuple

Fayard

HISTOIRE D'UN DIVORCE

I

INFIDÉLITÉS

Où l'on voit que le peuple, enterré un peu vite par les élites, se rappelle à leur bon souvenir en gonflant le vote lepéniste.

> *« Le peuple ? Un âne qui se cabre ! »*
> VICTOR HUGO

Le rituel a désormais une vingtaine d'années : à chaque saison électorale, médias et hommes politiques redécouvrent avec horreur que le Front national progresse, qu'il recueille de plus en plus de votes populaires et qu'il faut se *mobiliser*. Avant d'oublier. Et de ne plus y penser.

Ces psychodrames se caractérisent par leur brièveté. Même le symbole du 21 avril 2002 – un vote populaire plaçant au second tour de l'élection présidentielle le candidat d'extrême droite *à la place* du candidat de la gauche – n'a pas réussi à bouleverser l'habitude. Au terme de la quinzaine anti-Le Pen instaurée entre les deux tours de scrutin, avec ses « pinces à linges » et son slogan mobilisateur (« Plutôt Super-Menteur que Super-Facho »), le deuil national proclamé le 21 avril – la « honte », la « catastrophe » – laissa place au « triomphe de la République », au « sursaut » et à la « fierté retrouvée » des résultats du second tour. L'exorcisme a permis une nouvelle fois de se rassurer en se jouant de la réalité : les images des lycéens parisiens descendus dans la rue contre le fascisme – souvent à l'instigation de leurs enseignants –, diffusées en boucle, ont servi à faire oublier que le candidat du Front national avait rassemblé plus de votes de jeunes que tous les autres[1].

Stupeur et oubli : vingt ans de routine. « Le choc Le Pen », titrait déjà *Libération* en juin 1984 lorsque le Front national égalait le Parti communiste français. « Le Pen : le crépuscule », se rassuraient *Libération* comme *Le Nouvel Observateur* (« Le Pen : c'est fini ») après le divorce entre Jean-Marie Le Pen et Bruno Mégret, en 1998 et 1999. Cette mise en scène fiévreuse de la redécouverte de la fameuse

1. Gérard Le Gall, « Pourquoi le 21 avril ? », *in* Sofres, *L'État de l'opinion 2003*, Seuil, 2003.

« percée lepéniste », répétée à chaque élection, sert à masquer une constante de la politique française depuis la fin du premier septennat de François Mitterrand, ainsi que le montrent les résultats de l'élection présidentielle de 1988, confirmés par ceux de 1995 et de 2002 : la permanence d'un vote de rupture avec les partis de gouvernement. Cette perception à éclipses peut paraître irrationnelle. Elle a, au contraire, pour fonction de détourner l'attention de l'information principale de ces scrutins : non seulement le peuple, que beaucoup pensaient disparu, est toujours là, mais il se devine désormais derrière les bulletins de vote du Front national. En balayant en bloc ce « cauchemar », l'exorcisme antifasciste permet de se rassurer jusqu'au prochain épisode, inévitable et prévisible, puisque cette réalité – la fuite d'une partie du peuple vers l'extrême droite – se confirme d'année en année.

Et pas plus que lors des précédentes mobilisations républicaines, cette réalité n'a changé entre le « séisme » du 21 avril et la « victoire » du 5 mai : au second tour de l'élection présidentielle comme au premier, un électeur sur cinq a voté pour l'extrême droite, et cet électorat s'impose depuis dix ans comme le plus populaire. Quelques chiffres résument cette révolution : Jean-Marie Le Pen arrive en tête chez les chômeurs (38 %), les ouvriers (30 %), suivi par Jacques Chirac et, ensuite seulement, par Lionel

Jospin, qui n'a rassemblé sur son nom que 11 % des ouvriers et 14 % des chômeurs, soit l'étiage populaire de l'histoire du Parti socialiste. Effondrement rapide : en 1988, François Mitterrand attirait 42 % des votes ouvriers et 38 % des votes d'employés. Lionel Jospin, en 2002, a perdu la moitié de l'électorat ouvrier qui l'avait choisi lors de la présidentielle de 1995. Passer de 42 % à 11 % : un analyste financier parlerait de krach. En revanche, 24 % des cadres ont voté pour le candidat socialiste, contre 13 % pour Jacques Chirac et 8 % pour Jean-Marie Le Pen.

Contrairement à une vieille légende, le peuple ne s'est jamais identifié majoritairement à la gauche. Mais celle-ci, au travers de ses deux composantes principales, socialiste et communiste, se donnait pour tâche de le représenter et y est longtemps parvenu. Cela relève du passé, comme le montre la volatilisation spectaculaire de la représentation ouvrière du Parti communiste, masquée par la rémanence médiatique de son sigle. Alors qu'aux élections législatives de 1978 près de 36 % des ouvriers avaient voté pour le candidat communiste, ils n'étaient plus que 3 % le 21 avril 2002. Cette déprise électorale du « parti du peuple » se retrouve dans les rouages du parti, dont la moitié des effectifs étaient ouvriers dans les années 70 : alors que les ouvriers restent majoritaires parmi les délégués aux congrès du PCF jusque dans les années 60, ils n'en représentent plus que le tiers dans les années 90[1]. Ce bouleversement social « fait aujourd'hui du Parti communiste – qui se définissait autrefois comme un parti ouvrier, actif, jeune – un parti dans lequel les ouvriers ne sont plus guère représentés [...]. Ce qui incontestablement faisait l'originalité du Parti communiste était bien, ainsi qu'il le soulignait inlassablement, le poids des dirigeants et des responsables d'origine ouvrière. Franchi le niveau fédéral, et plus particulièrement à partir des secrétaires fédéraux, l'appareil communiste était ouvrier ou d'origine ouvrière[2]. » Ce n'est pas seulement une inscription électorale qui s'est défaite, mais aussi toute une société d'entraide et de promotion sociale au travers d'entreprises, de syndicats, d'associations sportives et culturelles, de municipalités, dont les effets bénéfiques en matière d'identification et de cohésion sociale sont bien connus.

Malgré cette spécialisation ouvrière du Parti communiste, le Parti socialiste refondé au congrès d'Épinay de 1971 s'était donné pour objectif la « défense des intérêts du prolétariat ». Pari convain-

1. Roger Martelli, *Le Rouge et le bleu. Essai sur le communisme dans l'histoire française*, L'Atelier, 1995.

2. Marie-Claire Lavabre et François Platone, *Que reste-t-il du PCF ?*, Cevipof-Autrement, 2003.

cant, puisque dix ans plus tard, lors de l'élection de François Mitterrand à la présidence de la République, les électeurs ouvriers et employés étaient majoritaires dans l'électorat socialiste. Vingt ans plus tard, le Parti socialiste n'a pas changé de nom, mais la métamorphose de son électorat, aujourd'hui majoritairement composé d'enseignants, de fonctionnaires et de cadres moyens et supérieurs, ne laisse plus qu'une place réduite aux ouvriers et employés. La majorité des bas salaires a renoncé à la gauche.

La gauche a cru le peuple disparu parce qu'il l'a progressivement quittée. Ou peut-être est-ce l'inverse : la gauche a perdu le peuple parce qu'elle l'a cru disparu. Car la « fin du peuple » fut – y compris à gauche – une grande mode.

Dans l'inventaire de l'épopée française que sont *Les Lieux de mémoire*, publiés en 1986 sous les auspices de l'un de nos meilleurs historiens, Pierre Nora, le chapitre « Le peuple » prend la forme d'un enterrement : « Avec le peuple, c'est une certaine manière typiquement française de penser à la fois l'unité de la société et la division sociale qui tend à disparaître. » L'auteur de cette oraison funèbre paraît assez peu chagriné de diagnostiquer la « fin du peuple » : « Tronçonné par les lignes de partage invisibles qui quadrillent la société française et qui ne doivent plus guère au passé, miné de l'intérieur par l'individualisme des jouissances, il quitte doucement la scène sans fracas ni scandale, accompagné de la considération de chacun et de l'indifférence de tous[1]. »

Au cours des deux dernières décennies, l'effondrement de la rhétorique communiste a subitement détourné les intellectuels, qui y avaient beaucoup cédé, de leur passion pour la classe ouvrière, longtemps considérée comme le pivot de l'espérance politique. Comme s'ils avaient jeté le peuple avec l'eau du bain marxiste. Et, comme si ce deuil idéologique ne pouvait être apaisé que par la disparition des témoins – les ouvriers après les paysans –, une hallucination politique a frappé les responsables de la gauche : ils ont cru à la disparition d'une composante majeure de la société française. « Dans le prolétariat, les ouvriers sont désormais minoritaires, et c'est une constatation dont les conséquences politiques et révolutionnaires sont considérables. Le prolétariat, c'est l'ensemble des salariés qui vont des OS aux cadres », expliquait en précurseur, il y a trente ans de cela, Edmond Maire[2], dont le confusionnisme était dénoncé par un André Glucksmann qui s'intéressait alors encore intensément au peuple[3].

---

1. Jacques Julliard, « Le Peuple », in *Les Lieux de mémoire*, tome III, Gallimard, 1992.

2. *Le Nouvel Observateur*, 9 juin 1973.

3. André Glucksmann, « Nous ne sommes pas tous prolétaires », *Les Temps modernes*, janvier 1974.

Le ronronnement sociologique sur la « fin des classes sociales » a commencé dans les années 70. Dans le sillage du giscardisme, et sans jamais vraiment s'en expliquer, la gauche abandonna ses références au prolétariat rédempteur pour n'avoir plus d'yeux que pour un nouvel acteur politique : une immense classe moyenne positivement agitée de « mouvements sociaux ». La mode du rocardisme incarna jusqu'à son échec ce nouveau cours inspiré par la sociologie d'Alain Touraine, puis de son héritier Michel Wieviorka, qui voyait désormais le salut et la modernisation de la société dans de multiples avant-gardes se prenant en charge pour faire avancer leurs aspirations, terrain par terrain, et ainsi favoriser le changement[1]. Cette sociologie engagée n'a cessé de courir derrière les causes de la petite bourgeoisie diplômée : mouvements étudiants, mouvement antinucléaire, combat féministe, régionalismes, écologisme, libération homosexuelle, etc. Allant de déception en déception, les théoriciens du « mouvement social » en sont venus à glorifier toute nouvelle défense identitaire ou communautaire et toute mise en cause des institutions. Faute de mieux, l'agitation lycéenne de 1998 a ainsi été élevée un temps au rang de mouvement social parce qu'elle contestait un « système qui demande la conformité aux normes plus que l'invention d'idées ou de sentiments nouveaux[2] ».

---

1. Alain Touraine, *La Voix et le regard*, Seuil, 1978.
2. *Id.*, *Comment sortir du libéralisme ?*, Fayard, 1999.

En revanche, la contribution au changement social d'une communauté ouvrière défendant son emploi ou son salaire est nulle : pour cette sociologie du « mouvement », les luttes sociales contre le chômage technique, les fermetures d'usines ou les réformes agricoles paraissent sans valeur parce que simplement défensives. Ce peuple de perdants, dépourvu de toute utilité sociale, n'est même plus nommé, comme l'a montré pendant la campagne électorale la discrète mais précise allusion de Lionel Jospin aux trouble-fête qui « ont du mal à s'adapter à la mondialisation ». Cette formule sèche et culpabilisante vis-à-vis de ceux qui *traînent* alors qu'il faut *bouger* symbolise la myopie d'un Parti socialiste qui ne voyait pas plus loin que ce qu'il est devenu : une caste de bourgeois décontractés. À tel point que, lors de la dernière campagne présidentielle, le Parti socialiste a fini par prendre comme critère de la « classe moyenne », sa cible électorale, « un couple d'enseignants à 4 600 euros par mois ». Soit la tranche de revenu des 10 % de Français les plus riches. Le Parti socialiste a ainsi qualifié de « moyenne » une minorité aisée parce que, depuis longtemps, il oubliait le reste : un vaste monde dont le revenu est inférieur à 2 000 euros mensuels.

Le peuple existe toujours, bien que l'éternel problème de sa définition serve, aujourd'hui comme hier, d'alibi pour ne pas le voir. Sur ce sujet, le subjectivisme constitue un outil pragmatique mais utile : la société se divise toujours entre ceux qui sentent ou revendiquent leur appartenance au peuple et ceux qui ont conscience de ne pas en être. Ce partage s'effectue selon un sentiment de manque, de gêne : inégale liberté d'avoir, d'aller et de venir, de faire et finalement d'*être*. Louis Chauvel, l'un des rares sociologues à s'intéresser encore (ou plutôt de nouveau) aux classes sociales[1], qu'il désigne comme des « groupes sociaux inégaux aux destins sociaux inégaux », estime ainsi que l'appartenance aux catégories populaires se définit par un cumul d'inégalités matérielles et culturelles – dans le partage des ressources économiques, l'accès au langage et aux codes, la maîtrise de l'avenir, la compréhension du monde et de son évolution – rendant difficile, et parfois impossible, la participation à une société qui bouge sans elles.

Ce peuple-là n'a pas disparu : il a suffi qu'il change pour qu'il devienne invisible à ceux qui sont censés se préoccuper de son sort. Les fantastiques mutations de la société industrielle, sa robotisation, son informatisation, son éclatement, ont modifié l'apparence ouvrière, mais non son existence. Le monde ouvrier a vu ses conditions de travail subir des transformations profondes, ses cultures autonomes se dissoudre et ses capacités syndicales se réduire. Il s'est souvent

1. Louis Chauvel, « Le retour des classes sociales ? », *Revue de l'Observatoire français des conjonctures économiques*, octobre 2001.

rapproché des employés, lesquels, de plus en plus nombreux du fait du développement des services, ont été un peu rapidement assimilés à cette fameuse « classe moyenne », alors que les salaires des employés prolétarisés (18 700 euros brut par an en 2002) ne dépassent pas ceux des ouvriers tertiarisés (18 800 euros). Louis Chauvel note que « les employés sont, d'un point de vue structurel, des ouvriers des services, c'est-à-dire des travailleurs routiniers du tertiaire dont le travail est tout aussi peu valorisé économiquement que celui des ouvriers » : « Au total, si nous considérons la somme des ouvriers et des employés, nous obtenons une part stable depuis trente ans de l'ordre de 60 % de la population active (contremaîtres compris). Autrement dit, les classes populaires forment une part majoritaire, étonnamment stable, de la population française[1]. »

Depuis quarante ans, les grandes masses n'ont guère évolué : les 7,1 millions d'ouvriers (7,2 millions en 1962) et 7,8 millions d'employés que compte aujourd'hui la France forment plus de la moitié de la population au travail. Et le nombre des employés n'a – légèrement – dépassé celui des ouvriers, à partir de 1995, qu'en raison de la progression de l'activité féminine. La dimension ouvrière reste centrale : 40 %

1. Louis Chauvel, « Le retour des classes sociales ? », *op. cit.*

des enfants appartiennent aujourd'hui à des foyers où l'un des deux parents au moins est ouvrier.

Cette centralité se voit moins parce qu'elle s'est dissoute. Linguistiquement, d'abord. On le sait, il n'y a plus d'OS, mais des « opérateurs d'unité élémentaire de production ». Plus de femmes de ménage, mais des « techniciennes de surface ». Plus de caissières, mais des « hôtesses de caisse », etc. Dissolution spatiale, ensuite : les grands sites industriels ont éclaté en réseaux, avec petites unités et sous-traitance. Le travail à la chaîne se réduit, ouvriers et employés travaillent de moins en moins collectivement. Et la prolétarisation est parfois violente dans les nouveaux métiers du tertiaire comme la vente par téléphone, organisée depuis ces invisibles mais cauchemardesques usines à communication que sont les « centres d'appels[1] ».

Une myopie idéologique a peut-être modifié le champ de vision de la gauche, l'empêchant de comprendre ce que devenait le travail salarié. Longtemps imprégnée du déterminisme marxiste (l'accumulation du capital par concentration progressive de structures de production gigantesques), elle aura ignoré le processus, inverse, de « l'externalisation » et du recours croissant à la sous-traitance. Phénomène massif qui se traduit par l'instauration de réseaux de

1. Noël Lechat et Jean-Claude Delaunay, *Les Centres d'appels : un secteur en clair-obscur*, L'Harmattan, 2003.

petites – et parfois très petites – entreprises étroitement dépendantes des conditions imposées par les grands groupes : coûts salariaux réduits, flux tendus, chômage technique. Cette sous-traitance a favorisé l'explosion de l'intérim, du travail à temps partiel, des contrats à durée déterminée, les bas salaires et les avantages sociaux réduits. Le chantier du *Queen Mary II* à Saint-Nazaire illustrait cette nouvelle organisation du travail : alors qu'Alstom employait 4 700 salariés directs, 14 200 autres (dont 1 900 étrangers) l'étaient par 800 entreprises sous-traitantes.

Or les petites entreprises, qui représentent aujourd'hui 75 % des emplois du secteur privé, offrent des statuts de plus en plus dégradés : les contrats à durée déterminée y sont deux fois plus fréquents, un tiers des salariés le sont à temps partiel, et, dans les très petites entreprises, la proportion de smicards est passée de 6,5 % en 1994 à 28 % en 1999, alors qu'elle ne dépasse pas 5 % dans les grosses entreprises[1]. La gauche n'aura en rien enrayé cette évolution. Au contraire, si l'on se rappelle que la part du travail à temps partiel, souvent forcé, est passée de 8 à 17 % au cours des deux septennats de François Mitterrand.

Ces transformations, qui touchent massivement les jeunes arrivant sur le marché du travail, sont douloureusement ressenties dans les familles ouvrières, les

1. Sandrine Foulon et Isabelle Moreau, « Des inégalités de plus en plus criantes », *Liaisons sociales*, juin 2003.

mieux placées pour constater la dégradation – voire la régression – sociale d'une génération à l'autre. Des parents, constatant que leurs enfants réussissent moins bien leur entrée dans la vie active avec des diplômes souvent supérieurs, éprouvent un véritable sentiment de tromperie provoqué par cet effet d'« inversion générationnelle » que décrivent Stéphane Beaud et Michel Pialoux lorsqu'ils évoquent le bassin de Peugeot-Montbéliard[1]. Sentiment d'abandon renforcé par la médiatisation des questions d'emploi. Ici aussi, la gauche se voile la face : la plupart des projets de loi et textes réglementaires évoqués par l'actualité politique et syndicale concernent le noyau dur de la législation du travail, de plus en plus limité au monde de la grande entreprise. De même, les licenciements dont parlent les médias, lorsqu'ils les évoquent encore, ne concernent que la petite partie d'entre eux qui relèvent d'un plan social parce qu'ils se produisent dans des entreprises de plus de cinquante salariés. Tous les autres (85 %) se font sans bruit et sans visibilité publique, sinon localement.

Enfin, la mode de la « fin du travail », lancée dans les années 90, ajouta une touche de frivolité à l'aveuglement de la gauche sur les inquiétudes d'un peuple

1. Stéphane Beaud et Michel Pialoux, *Violences urbaines, violences sociales*, Fayard, 2003. Voir aussi le beau recueil de témoignages de Frédéric H. Fajardie sur une autre légende industrielle engloutie : *Metaleurop, paroles ouvrières*, Mille et Une Nuits, 2003.

ouvrier de plus en plus délaissé[1]. La presse regorge de reportages joyeux sur le « travail à la maison » et le « télétravail » de « cadres TGV » béats de reconnaissance envers leurs « outils nomades » (ordinateurs, portables, téléconférences). On y trouve moins d'enquêtes sur les douloureuses transformations de la condition ouvrière. Deux sociologues qui n'ont jamais cessé de la sonder, Michel Pialoux et Florence Weber, datent du début des années 80, lors de l'arrivée de la gauche au pouvoir, le désintérêt pour le monde ouvrier chez les intellectuels : « Quand on travaille sur les ouvriers et pas sur les immigrés ou sur les exclus, on est complètement ringard[2]. » Au début des années 90, le taux des thèses de sociologie utilisant le mot « classe » était d'à peine 1 %[3]. La sociologie du travail, très valorisée et très médiatisée dans les années 60 et 70, n'intéresse plus guère. Peut-être parce que les rares études qu'elle produit contredisent les lectures optimistes sur la fin du travail : pour ceux qui n'ont pas pu choisir le leur, il est souvent plus intense et plus pénible qu'avant, et leur « souffrance au travail », qui n'est pas seulement physique mais aussi

1. Dominique Méda, *Travail, une valeur en voie de disparition*, Aubier, 1995.

2. Michel Pialoux et Florence Weber, « La gauche et les classes populaires. Réflexions sur un divorce », *Mouvements*, septembre-octobre 2002.

3. Louis Chauvel, *Le Destin des générations*, Presses universitaires de France, 1998.

psychologique, s'est paradoxalement accrue avec les trente-cinq heures[1]. Et la mémoire populaire ne semble plus acceptée que comme question identitaire relevant de la responsabilité privée : l'on comprend que Michel Winock écrive un beau livre consacré au souvenir de sa famille modeste[2], que Franck Magloire fasse parler sa mère, trente ans ouvrière à Moulinex[3], qu'Aurélie Filippetti évoque l'univers de la mine et du laminoir de ses aïeux[4] ou que Marcel Trillat, ancien de « Cinq colonnes à la une », rédacteur en chef dans une chaîne de télévision, se mette en disponibilité pour réaliser un documentaire sur la classe ouvrière, par fidélité, nous précise *Le Monde,* à une « origine sociale qu'il n'est pas question pour lui de nier ».

Ce peuple éprouvé, oublié par la gauche, va de plus en plus mal à tous les sens du terme. Un fait est établi : c'est lui qui travaille en silence à déformer le corps électoral. C'est lui qui alimente depuis des années la poussée continue du Front national et de l'extrême gauche.

Reste à comprendre l'essentiel : comment la gauche en est venue à oublier sa raison d'être – la défense du

1. Christian Baudelot et Michel Gollac, *Travailler pour être heureux ? Le bonheur et le travail en France*, Fayard, 2003.

2. Michel Winock, *Jeanne et les siens*, Seuil, 2003.

3. Franck Magloire, *Ouvrière*, Éditions de l'Aube, 2002.

4. Aurélie Filippetti, *Les Derniers Jours de la classe ouvrière*, Stock, 2003.

peuple, la lutte contre toutes les inégalités qui le limitent – au point de nous offrir, lors de la dernière campagne présidentielle, une scène dont on n'a pas assez saisi la *renversante nouveauté :* un préretraité du Parti socialiste, Pierre Mauroy (dont l'histoire retiendra l'image d'un modéré) sortir de sa réserve pour rappeler à ses dirigeants, qui n'en parlaient jamais, que « la classe ouvrière existe toujours » ; et exhorter Lionel Jospin à oser parler de « travailleurs » et « d'ouvriers »... en lui précisant que ce ne sont pas là des « gros mots ».

II

LE DÉPIT

Où l'on comprend que l'oubli du peuple résulte d'une déception passionnelle – la cause du peuple de la génération 68 – qui a trouvé sa consolation dans le mitterrandisme.

> *« Il est temps de défendre l'opinion populaire pied à pied, jour après jour, contre l'opinion publique fabriquée dans les couloirs des ministères et les dîners en ville. »*
>
> Manifeste pour la création du quotidien *Libération* (1973)

Si les élites de gauche ont oublié le peuple et ne peuvent plus le *voir,* c'est parce que la génération des quinquagénaires au pouvoir a eu avec lui une *histoire* dans une vie antérieure. Le peuple n'a pas toujours été oublié. Les soixante-huitards, qui aiment multiplier les autocommémorations, oublient toujours l'essentiel : c'est pour « libérer les masses ouvrières » de « l'oppression bourgeoise » qu'ils ont descellé pendant quelques semaines les pavés des Ve et VIe arrondissements. Les « insurgés » n'avaient alors qu'un seul mot à la bouche : « le Peuple ». Ils se révoltaient au nom du « Peuple », pour instituer le « pouvoir ouvrier ». Ce fut d'abord cela, le « Mai étudiant » : la lutte pour la « Cause du Peuple ». « Étudiants et ouvriers, même combat ! »

Mais, comme dans les photos retouchées des pays de l'Est de l'ère soviétique, le peuple a disparu des souvenirs et chromos que se repassent sans cesse les soixante-huitards, dans leurs journaux et sur leurs écrans, comme ils l'ont fait jusqu'à plus soif en 1998 pour le trentenaire de La Grande Date. Loin de se limiter à une agitation estudiantine, Mai 68 fut d'abord la plus grande grève générale de l'histoire de France. De sept à dix millions de grévistes, des milliers d'usines occupées, la France paralysée pendant plusieurs semaines. Et, pour la majorité des Français, un grand moment de desserrement des contraintes sociales. Les accords sociaux de Grenelle entre gouvernement et syndicats (et notamment l'augmentation massive du SMIC) ont beaucoup plus marqué les salariés que les nuits agitées du Quartier latin. Loin des slogans des occupants de la Sorbonne, ce fut, dans tout le pays, un moment de prise de parole. Une pause collective joyeuse et étourdie dans une France en pleine modernisation et qui n'avait pas dételé une seconde, de la reconstruction à la croissance des années 60. Cette bouffée d'air n'aura pas été vaine : ce fut le point de départ d'un syndicalisme nouveau, d'un souci de soi accru et de la démocratisation des loisirs.

Mais ces aspects majeurs de Mai – le monde du travail en suspension, la prise de parole de tout un chacun, les débats syndicaux, les souvenirs populaires – ont été gommés parce que Mai 68 est aussi l'histoire d'une immense déception. Dédaignant la Révolution et le Grand Soir qui lui étaient offerts par les *enragés,* le peuple gréviste a maintenu les grilles de Renault-Billancourt fermées aux étudiants venus offrir, le 17 mai, leur fameuse banderole « Les ouvriers reprendront des mains fragiles des étudiants le drapeau de la lutte contre le régime antipopulaire ». Le peuple a préféré les gratifications matérielles des accords de Grenelle avant, aux élections législatives des 23 et 30 juin, de contribuer lui aussi à réinstaller provisoirement le pouvoir gaullo-communiste.

La cassure date de cette vexation[1]. Ce « peuple », au cœur de l'événement et aujourd'hui escamoté, reste

1. Certains n'ont pas cru à ce refus du peuple et ont persisté quelques années. Jusqu'au délire, symbolisé par l'affaire de Bruay-en-Artois, qui restera, pour les soixante-huitards, ce que fut l'affaire Dreyfus pour l'extrême droite française : un notaire était décrété coupable d'un infanticide *parce que* notable bourgeois, comme Dreyfus était coupable parce que juif. C'est Jean-Paul Sartre lui-même qui mit un terme à cette dérive. Aujourd'hui, les deux principaux animateurs de ce *delirium* ouvriériste sont, l'un, patron de presse, l'autre, conseiller du patronat.

l'impensé majeur des soixante-huitards. Car ce peuple a déçu ceux qui étaient persuadés de lui offrir tout. Il n'a pas suivi, pas compris. La blessure a été profonde. Les soixante-huitards ont alors planté là ce peuple ingrat, indigne de leur attention. Les organisations gauchistes officiellement les plus « ouvriéristes » ont, par la suite, traduit ce tournant par la fin de l'« établissement en usine », prôné par les maoïstes au lendemain de Mai. Beaucoup d'« établis » auront alors jeté l'éponge et seront retombés sur leurs pattes grâce à leurs origines bourgeoises[1]. Ceux qui n'ont pas cette chance végètent, se suicident ou restent en usine, mais n'intéressent plus guère. Dès le début des années 70, la Ligue communiste encourage un autre type d'« établissement » : non plus en usine, auprès des ouvriers, comme les maoïstes déclinants, mais comme employés, fonctionnaires, inspecteurs du travail, infirmiers psychiatriques, éducateurs, enseignants, journalistes. Toutes professions qui ont la particularité commune d'éviter de se frotter aux patrons et aux syndicats ouvriers[2].

Dans l'élite de cette génération, la déception intime de l'ouvriérisme a sécrété au mieux de l'oubli et de

1. Sur ces « établissements » et « rétablissements », voir la passionnante enquête de Marnix Dressen, *De l'amphi à l'établi. Les étudiants maoïstes à l'usine (1967-1989)*, Belin, 1999.

2. Le profil type de cet « établissement à la trotskiste » étant alors le vendeur de la FNAC, qui n'a plus que le client pour manifester son esprit de rébellion.

l'indifférence, au pis, de la détestation. Le refoulé obsédant de cette défection du peuple ne cesse de s'exprimer. D'abord par la mémoire, cadenassée, nettoyée : il ne reste que les éternelles images du Mai *estudiantin* et *parisien,* et l'on ne voit donc plus qu'elles dans les journaux et télés où les soixante-huitards sont omniprésents. La jeunesse en révolte, les pavés, les barricades, les cocktails Molotov, les CRS, les éclairs des nuits de « combat » ont effacé le mai du peuple des usines et des bureaux.

Innocents, le dernier film de Bernardo Bertolucci, et son accueil médiatique (aussi tonitruant que son échec auprès du public), offrent la dernière illustration de cette mémoire sélective : il met en scène deux jeunes bourgeois qui s'éclatent pendant Mai 68, vidant les grands crus bordelais prélevés dans la cave de l'immense appartement familial du boulevard Raspail, dans le VIe arrondissement de Paris, la présence des parents ne se manifestant que sous la forme pratique de chèques bancaires laissés aux jeunes rebelles. Saluant en couverture le « premier film de fiction important sur 68 », *Libération* lui a consacré deux pleines pages où il n'est pas question une seule fois du mai ouvrier et des grèves nationales[1]. Ce qui est cohérent avec la définition de l'événement donnée par le journal des quinquagénaires aux jeunes lecteurs de 2003 : « Mai 68, c'est la découverte du

1. *Libération*, 9 décembre 2003.

corps, le sexe initié et révélé ; Mai 68, c'est une jeunesse insolente qui dévore la vie sans culpabilité ni remords. » Pour le critique du *Monde*, « le cinéaste évoque l'effervescence de Mai 68 à travers le parcours et les expériences d'un trio de jeunes gens qui mêle avec bonheur inceste et cinéphilie[1]. » Cette réduction caricaturale de Mai 68 à la libération de la jeunesse dorée confirme l'intuition de Paul Thibaud : « Interne au monde bourgeois, 68 dénonça et rejeta les frustrations inhérentes à l'ordre bourgeois[2]. »

Ces reconstructions mémorielles, propres à toute génération, sont d'autant plus faciles que les travaux historiques sur Mai sont encore rares et ne reçoivent qu'un faible écho[3]. Les soixante-huitards ont donc gagné la bataille essentielle, celle du récit : Mai 68 fut une bienfaisante révolution culturelle de la *jeunesse* qui a débloqué une société *coincée*. Façon de se donner le beau rôle, non sans usurpation. La France du début des années 60 se métamorphosait à grande vitesse, et l'histoire retiendra que, sur bien des points, les insurgés de Mai furent davantage les produits que les acteurs d'un changement opéré dès le milieu des

1. *Le Monde*, 10 décembre 2003.

2. Paul Thibaud, « Malades de Mai 68 », *L'Express*, 28 mai 1998.

3. Ainsi de *Mai 68 : l'héritage impossible*, de Jean-Pierre Le Goff (La Découverte, 1998), et de l'ouvrage collectif (*Les Années 68 : le temps de la contestation*, Complexe, 2000), qui restituent les événements culturels, sociaux et politiques de Mai dans la durée en remettant l'agitation estudiantine à sa juste place.

années 60. Ainsi, en matière de sexualité, les changements sociologiques et juridiques ont *précédé* l'expérience de la génération 68, qui n'en fut que la manifestation massive et revendiquée. La révolution légale de la contraception, issue du gaullisme, date de 1967, et la baisse de l'âge du premier rapport sexuel des femmes s'était pour l'essentiel déjà opérée et n'a plus guère bougé, comme le souligne le sociologue de la famille Paul Yonnet : « Mai 68 est le point d'orgue d'une évolution des mœurs, qu'il va rendre visible et libérer dans la lumière, mais la révolution des comportements sexuels, en partie souterraine, a eu lieu avant. » Cette surestimation par la génération 68 de son rôle historique s'articule, dans sa mémoire, avec la sous-estimation du rôle du peuple gréviste. Toute mémoire est une façon d'oublier, et cet oubli est énorme : l'épopée soixante-huitarde est aussi une trahison.

Trahison d'autant plus lourde que ce récit tronqué n'est pas seulement un souvenir exotique ou un objet historique. Il est devenu le programme, la culture du temps présent. Nous vivons en permanence sous l'empire de ses injonctions partielles. Et de ses slogans *sélectionnés*. Pas « Tout le pouvoir au peuple » ou « À bas la bourgeoisie », mais « Il est interdit d'interdire », « Prenez vos désirs pour des réalités », ou « Quiconque n'est pas moi est un agent de répression à mon égard », qui règnent aujourd'hui en alibi de l'égoïsme social. « Vivre sans temps mort et jouir sans entraves » s'est mû en leitmotiv de l'univers de la publicité et de la consommation, tout comme le fameux « CRS = SS », qui voit du fascisme dans toute limite.

Ce programme de délégitimation de toute règle collective, commune ou institutionnelle, explique la facilité avec laquelle cette génération a fusionné avec le mitterrandisme, qui se voulait au-dessus des lois. Et qui lui a offert la consolation de son antipolitisme esthétique et romanesque, de sa résignation contemplative, amusée et jouissive : accompagner le monde comme il va et se cantonner dans l'art de conserver le pouvoir. Beaucoup de soixante-huitards ont fait leur véritable entrée en politique et en affaires à cette époque, et particulièrement après 1983, quand la liquidation du catéchisme hérité du Programme commun laissa place à cette curieuse alliance, à gauche, du cynisme et du moralisme.

Avec le recul, cette synthèse mitterrandienne présente plus d'éléments de continuité que de rupture avec le giscardisme, lequel avait déjà réalisé une partie du programme de Mai 68, qu'il s'agisse de ses aspirations « libérales-libertaires » ou de son oubli du peuple. Valéry Giscard d'Estaing, qui se proposait de rassembler « deux Français sur trois[1] » en misant sur le « groupe central » de la société, n'a guère laissé de place aux couches populaires, le jeune président

1. Valéry Giscard d'Estaing, *Deux Français sur trois*, Flammarion, 1984.

symbolisant la montée en puissance des nouvelles classes moyennes. François Mitterrand, qui avait réaffirmé la vocation ouvrière du Parti socialiste (« le front de classe ») en 1971, au congrès d'Épinay, se fit élire en 1981 par un « peuple de gauche » qui lui resta fidèle à la présidentielle de 1988, mais s'en désintéressa ostensiblement sous le second septennat au profit du modèle du « gagnant » venu d'ailleurs, immortalisé par Bernard Tapie. Ce sacre de gauche de l'« argent fou » aura permis de libérer toutes les potentialités soixante-huitardes libérales-libertaires qui dépassaient la marge de manœuvre de la droite, dont les leaders savent bien qu'ils ne peuvent imposer aux syndicats tout ce qu'un gouvernement de gauche a su leur faire accepter.

Dans un bilan, les faits priment sur les intentions : les deux septennats de François Mitterrand auront été les plus antisociaux de la Ve République, les plus désavantageux pour le peuple. Sur la longue période, la politique économique suivie n'aura cessé de favoriser les revenus du capital au détriment de ceux du travail. C'est par la gauche que furent installés ou accentués, libérés de tout scrupule, tous les mécanismes imaginables favorisant l'argent méprisé à haute voix par le président : taux d'intérêt élevés, SICAV, assurance-vie défiscalisée, stock-options, avantages fiscaux pour les hauts revenus, libération des mouvements de capitaux, exonération des actifs professionnels de l'impôt sur la fortune. La rente fut avantagée par rapport à l'activité. La répartition de la valeur ajoutée entre le travail et le capital a fini par s'inverser, devenant sous la gauche favorable au capital alors qu'elle était favorable au travail sous de Gaulle, Pompidou et Giscard. Peu importe de savoir dans quelle mesure la gauche a organisé consciemment cette régression ou subi sans réagir la nouvelle répartition de l'échange de la valeur imposée par la mondialisation croissante de l'économie : elle n'a rien entrepris, au contraire, pour limiter une dynamique inégalitaire qui s'est alors remise en marche au rebours de trois décennies d'égalisation progressive des conditions.

Que le peuple soit la principale victime de cette ivresse socialiste de l'« argent fou » n'a guère ému la Mitterrandie. La dépression et le suicide, le jour de la fête du Travail, de Pierre Bérégovoy, seul hiérarque socialiste d'origine ouvrière (mais jamais intime de la Cour), marquent à jamais cette période de leur mystère symbolique. Premier ministre au pire moment, quand les remugles des « affaires » de gauche commençaient à empester, Pierre Bérégovoy, ancien ajusteur-fraiseur devenu cadre de Gaz de France, syndicaliste, socialiste mendésiste, eut la faiblesse de se sentir responsable de la débâcle du Parti socialiste aux législatives de mars 1993, celle aussi de s'en vouloir de s'être laissé piéger, pour une somme relativement dérisoire, par les venimeux arrangements de la Cour. Sentiments incongrus, risibles pour cette époque cynique, chez un personnage qui n'était pas à sa place, comme le fit remarquer, avec un mépris de classe impeccable, un de ses collègues ministres de plus haute extraction, qui railla publiquement ses chaussettes de plouc comme preuve de son honnêteté.

La vraie « génération Mitterrand » fut en réalité la génération 68. Sa complicité avec le Grand Narcissique n'était pas seulement esthétique : tous deux se sont installés au faîte du pays pour vaquer à leurs petites affaires. En méprisant leurs prédécesseurs et en ignorant leurs successeurs. « Moi d'abord » fut leur Programme commun. Appliqué, celui-là. Il y a en effet un privilège soixante-huitard : pour la première fois depuis longtemps, une génération aura mieux vécu que les suivantes. Durant les Trente Glorieuses, les vieux ont été sacrifiés à la génération du baby-boom. Aujourd'hui, c'est au tour des plus jeunes de souffrir pour que les privilèges de leurs aînés ne soient pas amoindris. À ce propos également, les chiffres sont aussi clairs que négligés. En 1975, l'écart moyen entre le salaire des quinquagénaires et des trentenaires était de 15 % ; en 1995, il est passé à 40 %. Le pouvoir d'achat des quinquagénaires a progressé de 35 % tandis qu'a baissé celui des trentenaires, qui, même diplômés, mettent plus de temps à trouver un emploi fixe, leur promotion étant bloquée par ces mêmes quinquagénaires dont ils devront payer les grosses retraites : « Comment qualifier une société qui engage les cotisations à venir de gens qui ont actuellement 25 ou 35 ans, vivent dans la précarité et à qui personne n'a songé à demander leur avis ? » interroge Louis Chauvel, lequel n'hésite pas à parler de « profiteurs d'une situation historique[1] ». Les travaux mettant en évidence cette inégalité montrent comment la génération 68, en pleine forme, nombreuse, et la première à n'avoir pas connu d'expérience guerrière, a poussé la génération d'avant à la retraite et placé les jeunes en attente dans des formations bidon[2]. Cette génération qui a abjuré la lutte des classes sort victorieuse d'une lutte des générations inégale. En somme, à défaut de transmettre des valeurs, les parents soixante-huitards lèguent souvent du capital sous forme de compte d'épargne. Un bon moyen de jouir d'une reconnaissance renouvelée sans jamais laisser sa progéniture accéder à l'autonomie. Tout en gardant, bien entendu, le beau rôle.

Car la force et l'habileté des profiteurs de ce hold-up social (au détriment, surtout, des jeunes des milieux populaires), c'est d'avoir rendu tout contestable, sauf leurs privilèges. C'est une loi bien connue des historiens : il faut du temps pour faire le bilan d'une génération, celle-ci s'opposant toujours à ce

1. Louis Chauvel, *Le Destin des générations*, *op. cit.*

2. Christian Baudelot et Roger Establet, *Avoir trente ans : en 1968 et 1998*, Seuil, 2000, et Bernard Préel, *Le Choc des générations*, La Découverte, 2000.

qu'on le fasse de son vivant. En attendant, et comme le firent avant elle les autres générations, celle de 68 impose son *épopée*, dissimule ses *zones d'ombre* et s'oppose à toute discussion, souvent par le plus efficace des moyens : le silence.

Il y a vingt-cinq ans, lors de la première commémoration du Grand Événement, la critique irrespectueuse et précoce de Régis Debray[1] fut ainsi ignorée. Il y a une quinzaine d'années, l'autocritique pourtant pleine d'empathie de Jacqueline Remy[2] passa inaperçue. Lors du trentième anniversaire, le même sort fut réservé à celle de Jean-Pierre Le Goff[3]. Et les journaux où règnent les soixante-huitards ont veillé à ne pas signaler à leurs lecteurs le petit livre de Jean-Claude Michéa[4], la charge la plus pénétrante contre la trahison de 68. Portés à la repentance intensive sur le dos de leurs aînés, ils ne la pratiquent guère à leur endroit, alors que leurs homologues étrangers se montrent plus ouverts à l'autocritique, que certains poussent très loin. En Allemagne, Hans Magnus Enzensberger remarque que beaucoup se faisaient « estampiller "soixante-huitards" dans l'illusion de pouvoir tirer

1. Régis Debray, *Modeste Contribution aux discours et cérémonies officielles du dixième anniversaire*, Maspero, 1978.

2. Jacqueline Remy, *Nous sommes irrésistibles. (Auto)critique d'une génération abusive*, Seuil, 1990.

3. Jean-Pierre Le Goff, *Mai 68 : l'héritage impossible, op. cit.*

4. Jean-Claude Michéa, *L'Enseignement de l'ignorance et ses conditions modernes*, Climats, 1999.

profit de cette marque distinctive », mais qu'aujourd'hui « presque tous les jeunes se bouchent les oreilles dès qu'un vétéran de 1968 ouvre la bouche ». Et, en Grande-Bretagne, l'ancien leader Peter Christopher estime que « les vraies maladies graves de la société britannique sont imputables à [sa] génération » : « Les effets destructeurs de cette révolution sur la langue, les mœurs, la gentillesse humaine la plus élémentaire, l'éducation des enfants, n'augurent rien de bon pour les générations futures. Je regrette d'y avoir été mêlé et je suis mort de honte lorsque je me rappelle la plupart des choses que j'ai pu dire et faire à l'époque. J'ai contribué à détruire des valeurs qu'il m'appartenait de défendre envers et contre tout. »

Les générations suivantes, celle qui est née dans les années 60 et celle qui est née dans les années 70, commencent à trouver un peu pesant le conformisme de ces aînés qui tirent de leurs erreurs de jeunesse un argument de supériorité, comme si s'être beaucoup trompés il y a longtemps leur donnait systématiquement raison aujourd'hui. C'est un organe branché de la jeunesse et de la nouveauté, le mensuel *Technikart,* qui, prenant au mot les tenants de la transgression, s'est interrogé avec le moins de respect sur 68, son « mythe bidon » et sa génération de « techno-beaufs » : « cools et méprisants à la fois », ils sont « revenus de tout, confits dans leur embourgeoisement », « empêchent toute critique » et « défendent le monde tel qu'il est ». Ces jeunes iconoclastes, qui ne voient pas de différence entre Alain Duhamel et Serge July, disent vomir *Libération* et son « pauvre humour fané qui ne fait plus rire personne », et dénoncent, dans les médias tenus par les soixante-huitards, une « nouvelle censure qui s'appelle ironie, condescendance ou, plus simplement, black-out[1] ». Dans un autre style, deux trentenaires du Parti socialiste expriment le même sentiment d'étouffement et de blessure générationnelle : « Magnifiée par les médias et tout un arsenal de films ou d'ouvrages, elle est " la" génération, la seule, l'unique, la vraie. [...] La génération précédente, celle des parents, et la suivante, celle des enfants [...], sont par définition dépourvues d'existence symbolique et, pourquoi ne pas le dire, de tout intérêt. [...] Toute ambition qui ne vient pas de la tribu sublime est accusée d'"arrivisme débridé" de nouveaux jeunes qui veulent prendre la place des anciens et pourtant définitivement "jeunes" de " la" génération[2]. » Mais ils posent aussi le problème de l'impérialisme soixante-huitard en termes de justice sociale : « Cette situation est particulièrement difficile à accepter lorsque l'on constate non seulement que l'essentiel de la redistribution sociale, fiscale et "de statut" se fait à destination d'un seul groupe de la

1. *Technikart*, novembre 2002.

2. Laurent Baumel et Laurent Bouvet, *L'Année zéro de la gauche*, Michalon, 2003.

population au détriment des autres, mais encore que cette question de justice intergénérationnelle est délibérément occultée – en particulier par les médias, dont l'essentiel des dirigeants appartient à cette génération du baby-boom ! »

Ces médias donnent peu de place au procès rampant en injustice et en trahison qui sourd donc des générations nouvelles. C'est en père d'enfants soumis à la crétinisation commerciale et télévisuelle que le romancier François Taillandier accuse les soixante-huitards qui, après s'être révoltés contre les cours magistraux et les blouses à l'école, et avoir passé leur jeunesse à dénoncer la société de consommation et l'impérialisme yankee, accueillent avec béatitude « l'instauration subite, marchande et publicitaire d'Halloween », la soumission de la jeunesse à « l'uniforme des marques et logos », aux « dessins animés à la télé à sept heures du matin » ou à « la vulgarité de magazines qui s'adressent à des filles de quinze ans comme à des apprenties putains[1] ». Il reproche à cette « génération lâche », qui « avait tout reçu et a joyeusement privé les générations suivantes de ce qui lui avait été donné », d'avoir abandonné les enseignants à la dévalorisation de leur métier, et les enfants d'immigrés, au naufrage linguistique. Dans un autre pamphlet, Jean-Christophe Buisson – né le 22 mai 1968 – se dit « fasciné » par les « vieux de 68 » : « Sur le communisme, sur le capi-

1. François Taillandier, *Les Parents lâcheurs*, Le Rocher, 2001.

talisme, sur de Gaulle, sur la Chine, sur Cuba, sur la guerre et la paix, sur l'argent, sur le progrès, sur l'histoire, non contents de s'être gourés, ils passent aujourd'hui leur temps – d'antenne – à donner finalement raison à leurs contradicteurs d'hier après les avoir traînés dans la boue[1]. » Une autre trentenaire, Agathe Fourgnaud, règle ses comptes avec ses géniteurs, qu'elle accuse de l'avoir handicapée en la privant d'enfance, de repères, de contraintes éducatives et... de vrais parents. Selon elle, le libéralisme éducatif des soixante-huitards dissimule en réalité un refus des responsabilités vis-à-vis d'enfants abandonnés à eux-mêmes, désemparés face à des parents obsédés par l'idée de rester « jeunes » : « Comme ils sont économiquement et démographiquement puissants, ils continuent à imposer leurs critères[2]. »

Ces critiques ne trouvent guère d'échos sur une scène médiatique qui prétend débattre de tout, car, loin d'être, comme ils veulent le faire croire, confortablement accusés par des « réactionnaires », les défenseurs du culte de 68 sont confrontés aujourd'hui à une critique qu'ils font semblant de ne pas entendre, parce qu'ils ne savent comment y répondre : elle leur suggère qu'ils ont bien réalisé une grande « mission histo-

1. Jean-Christophe Buisson, *Maos, trotskos, dodo*, Le Rocher, 2001.

2. Agathe Fourgnaud, *La Confusion des rôles : les toujours jeunes et les déjà vieux*, Lattès, 1999.

rique », mais pas celle qu'ils revendiquent. Illustrant la profonde formule de Marx – « Les hommes font l'histoire, mais ils ne savent pas l'histoire qu'ils font » –, la revendication soixante-huitarde d'une liberté illimitée et d'une interdiction d'interdire aura permis de forcer les derniers verrous qui limitaient la généralisation du mercantilisme à la totalité de l'existence.

C'était l'intuition de George Orwell, de Marcel Mauss et de Karl Polanyi, reprise par Cornelius Castoriadis : « Le capitalisme n'a pu fonctionner que parce qu'il a hérité d'une série de types anthropologiques qu'il n'a pas créés et qu'il n'aurait pas pu créer lui-même : des juges incorruptibles, des fonctionnaires intègres et wébériens, des éducateurs qui se consacrent à leur vocation, des ouvriers qui ont un minimum de conscience professionnelle, etc. Ces types ne surgissent pas et ne peuvent pas surgir d'eux-mêmes, ils ont été créés dans des périodes historiques antérieures, par référence à des valeurs alors consacrées et incontestables : l'honnêteté, le service de l'État, la transmission du savoir, la belle ouvrage, etc.[1]. » Tout comme le mécanisme de la pendule est stabilisé par l'inertie du balancier, la dynamique du capitalisme fut longtemps canalisée par le stock de valeurs qui lui étaient antérieures et étrangères, mais qu'il ne cesse de détruire ; l'énergie qui lui est propre

1. Cornelius Castoriadis, *Les Carrefours du labyrinthe*, III, *Le Monde morcelé*, Seuil, 1990.

poussant à la révolution permanente et totale. Ces « anticorps » régulateurs, que Joseph Schumpeter appelait « les cadres régulateurs », furent les principales cibles du programme soixante-huitard : la grande révolution libérale-libertaire caractérise le moment politique de ce tournant historique – le passage au capitalisme bougiste et rebelle, ce « capitalisme gauchiste[1] » – dont les acteurs refusent de débattre.

Contrairement à ce que feint de croire encore le militant socialiste, le système capitaliste n'est ni conservateur ni autoritaire, et ne défend pas l'« ordre moral » : il ne cherche au contraire qu'à faire « table rase » du passé et du vieux monde pour étendre et renouveler en permanence l'échange marchand. Et la gauche au pouvoir s'est mise à jouer les idiots utiles au nom d'un « postulat insensé » : « Tenir l'adoption a priori de n'importe quelle posture modernisatrice ou provocatrice – que ce soit sur le plan technologique, moral ou autre – pour un geste qui serait toujours, et par définition, "révolutionnaire" et "anticapitaliste"[2]. »

Ce « bougisme », décrit par Pierre-André Taguieff, constitue désormais l'idéologie de la gauche : « Une promesse de salut dans et par le mouvement en avant

---

1. Luc Boltanski et Ève Chiapello, *Le Nouvel Esprit du capitalisme*, Gallimard, 1999.

2. Jean-Claude Michéa, *L'Impasse Adam Smith. Brèves remarques sur l'impossibilité de dépasser le capitalisme sur sa gauche*, Climats, 2002.

perpétuel, le suivisme vis-à-vis d'une évolution techno-marchande inéluctable qui monopolise la révolution permanente[1]. » Son symbole pourrait être le couple rabiboché de deux ennemis de 1968, Daniel Cohn-Bendit et Alain Madelin, qui, désormais, se tutoient et se complimentent tendrement en évoquant le chemin parcouru. Aujourd'hui, le libertaire provocateur est réconcilié avec le marché, et le libéral en col roulé veut que l'on sache qu'« il ne fait presque jamais ses lacets le week-end ».

L'un des signes annonciateurs de ce « capitalisme gauchiste » fut l'étrange livre culte des soixante-huitards dans les années 70, *L'Anti-Œdipe : capitalisme et schizophrénie,* de Gilles Deleuze et Félix Guattari[2], que Paul François Paoli a eu l'idée de revisiter à la lumière du spectacle actuel[3]. Tout y était non seulement annoncé, mais revendiqué : l'abandon du peuple, qui n'est plus ni sujet ni préoccupation ; l'extension illimitée du capitalisme, que les crises ne menacent pas mais au contraire stimulent ; et la positivité de la subversion du capital, qui, par « décodage » et « déterritorialisation », libère les individus des entraves despotiques des valeurs anciennes – patrie,

1. Pierre-André Taguieff, *Résister au "bougisme". Démocratie forte contre mondialisation techno-marchande*, Mille et Une Nuits, 2001.

2. Gilles Deleuze et Félix Guattari, *L'Anti-Œdipe : capitalisme et schizophrénie*, Minuit, 1973.

3. Paul François Paoli, *Comment peut-on être de droite ?*, Albin Michel, 1999.

religion, famille, morale – qui s'opposent à son développement. Destin symbolique aussi que celui de l'auteur d'un autre ouvrage emblématique, *Le Traité de savoir-vivre à l'usage des jeunes générations*[1] : aujourd'hui Raoul Vaneigeim fait l'apologie du « néocapitalisme » destructeur d'« archaïsmes[2] ».

La vérité de 68 pourrait donc résider dans les paradoxes et les contradictions de la bourgeoisie tels que François Furet les a analysés dans *Le Passé d'une illusion*[3]. « Deus ex machina de la société moderne », qu'il met en mouvement perpétuel contre l'immobilisme aristocratique, le bourgeois se condamne, selon lui, à vivre dans un « système ouvert qui met en mouvement des passions contradictoires ». En effet, « une partie de lui-même donne raison à ses adversaires, puisque ceux-ci parlent au nom de ses propres principes ». Acceptant la contestation de l'extérieur, il se soumet aussi à la « dénonciation du bourgeois de l'intérieur du monde bourgeois ». C'est « cette capacité infinie à produire des enfants et des hommes qui détestent le régime social et politique dans lequel ils sont nés, haïssant l'air qu'ils respirent alors qu'ils en vivent et qu'ils n'en ont pas

1. Raoul Vaneigeim, *Traité de savoir-vivre à l'usage des jeunes générations*, Gallimard, 1967.

2. Postface à *Au-delà du profit : comment réconcilier Woodstock et Wall Street*, d'Alain Mamou-Mani, Albin Michel, 1995.

3. François Furet, *Le Passé d'une illusion, essai sur le communisme au XX*e *siècle*, Robert Laffont/Calmann-Lévy, 1995.

connu d'autre », qui fait le succès social de la bourgeoisie, toujours sur la brèche car toujours renouvelée. François Furet en conclut que Mai 68 ne fut qu'une étape récente de ce processus : « Les anciens soixante-huitards ont vite fait la paix avec le marché, la publicité, la société de consommation, où ils nagent souvent comme des poissons dans l'eau, comme s'ils en avaient dénoncé les tares pour mieux s'y adapter. Mais ils tiennent à conserver les bénéfices intellectuels de l'idée de révolution au milieu de leur établissement social. »

Le destin des soixante-huitards aura confirmé les fameuses thèses d'Eduard Bernstein, le « révisionniste » qu'ils ont souvent eux-mêmes dénoncé dans leur jeunesse militante au nom d'une orthodoxie marxiste-léniniste selon laquelle la prolétarisation des classes moyennes, les ravalant au niveau du prolétariat, provoquerait l'ultime crise du capitalisme ; ils sont au contraire la preuve de l'embourgeoisement des classes moyennes restées de gauche au détriment du peuple. Lequel n'aura donc connu d'autre changement que le « remplacement du vieux despotisme de l'avenue Foch par la tyrannie, indéniablement plus décorative, de la place des Vosges et du Marais[1] », qui lui enseignent toujours que l'avancée vers le progrès passe d'abord, *pour lui*, par les épreuves, les sacrifices et l'instabilité.

1. Jean-Claude Michéa, *L'Enseignement de l'ignorance*, *op. cit.*

Ce peuple est oublié au point de ne plus pouvoir être nommé. Même un ancien trotskiste devenu sénateur socialiste comme Henri Weber n'arrive plus à trouver les mots pour en parler. Dans un texte « théorique » récent, il ne sait plus qu'évoquer « la frustration des individus situés en bas de l'échelle sociale et qui ne parviennent pas vraiment à profiter des potentialités de diversification statutaire offertes par la société contemporaine[1] ».

Mais ne plus nommer, ne plus voir et oublier, cela pèse. De cela aussi il faut se libérer. Par le mépris.

1. Henri Weber, « Une nouvelle alliance », *Note de la fondation Jean Jaurès*, mai 2002.

III

LE MÉPRIS

Où l'on constate que les élites de gauche se libèrent de la culpabilité d'avoir abandonné le peuple par le mépris et la détestation à son endroit.

> *« Le peuple ? D'accord, mais faudrait pas voir sa gueule. »*
>
> JULES RENARD

Le recul manque encore pour prendre la mesure de l'un des effets historiques de Mai 68, nourri par la vexation des soixante-huitards : le rapport entre le peuple et les élites, qui est au cœur de la vie politique française depuis plus de deux siècles, a été profondément affecté par un ressentiment inavouable.

Considéré comme un problème ou comme une solution, le peuple constituait jusqu'alors une *préoccupation* des élites. Pour de bonnes ou de mauvaises raisons, pour s'en protéger ou le protéger, s'en servir ou le servir, les élites s'intéressaient au peuple et ne le quittaient pas des yeux. Les plus lucides, parmi les nantis, ont toujours eu conscience des risques que leur ferait courir une trop grande détérioration de la situation des masses populaires. Tocqueville s'inquiétait des effets de la « paupérisation ouvrière », qu'il considérait comme une menace pour le modèle démocratique : « Que doit-on attendre d'un homme qui a employé vingt ans de sa vie à faire des têtes d'épingle ? » Il a exprimé très clairement ce principe de précaution sociale en 1848 : « Nous sommes au milieu d'une révolution générale des peuples civilisés, et je crois qu'aucun d'entre eux à la longue n'y échappera. Il n'y a qu'un moyen d'éloigner et d'atténuer cette révolution, c'est de faire, avant d'y être forcés, tout ce qui est possible pour améliorer le sort du peuple[1]. » L'intérêt d'empêcher les « classes laborieuses » de devenir « classes dangereuses » – ce que les libéraux du XIXe siècle appelaient « la question sociale » – explique l'importance et l'ambivalence de ce souci : la distinction entre la volonté d'améliorer le sort du peuple pour son bien ou pour la sécurité de ceux qui n'en sont pas

1. Alexis de Tocqueville, « Lettre à lord Radnor », in *Lettres choisies. Souvenirs*, Gallimard, 2003.

est difficile et parfois impossible à établir. Les premiers droits sociaux, comme les restrictions au travail des enfants et le droit de grève, furent accordés par des gouvernements conservateurs, tout comme, plus récemment, le SMIG et le SMIC furent mis en place par des ministres démocrates-chrétiens (Georges Bidault et Joseph Fontanet). L'exemple du patronat catholique social des années 20 et 30, à l'origine des allocations familiales et qui prenait en charge l'intégralité de la vie de ses ouvriers (logement, formation, école, colonies de vacances), pourrait s'analyser comme le summum de l'exploitation ouvrière ou comme un altruisme superflu de possédant.

Inversement, une autre forme de souci du peuple, émanant également de l'élite – le projet politique d'en faire l'acteur principal du changement –, peut s'analyser comme la volonté de certains membres de cette élite de se mettre au service d'une rédemption sociale, le prolétariat détrônant la bourgeoisie. Mais la réalisation historique de ce projet – le communisme – peut aussi inciter à n'y voir qu'une exploitation renforcée et sans issue du peuple au profit d'une nouvelle bourgeoisie idéologique – la couche dirigeante du Parti – se substituant à l'ancienne classe possédante.

Quels que soient les objectifs, les arrière-pensées et les bilans, de Tocqueville à Marx, de Sieyès à de Gaulle en passant par Hugo, Michelet, Jaurès et Blum, les élites n'avaient, jusqu'ici, jamais perdu de vue les gens d'en bas[1]. Par inquiétude, intérêt, compassion, altruisme, charité, esprit de justice ou messianisme politique, le souci du peuple restait une préoccupation permanente des hommes au pouvoir, qu'ils se réclament de la méritocratie républicaine, du catholicisme social, du patronat paternaliste, de la haute fonction publique personnaliste des années 60 ou du marxisme sous toutes ses variantes, hanté encore il y a peu par le souci de « populariser les luttes » et la crainte de « se couper des masses ». Les principaux partis politiques, au diapason de cette préoccupation, se réclamaient explicitement du peuple, même à droite, comme le firent le MRP (Mouvement républicain populaire), le RPF (Rassemblement du peuple français) ou, plus récemment, l'UMP (Union pour un mouvement populaire). Ce souci du peuple, dénominateur commun des ennemis

1. Ce qu'est devenu le gaullisme après le tournant pompidolien a fait oublier la composante populaire et même ouvrière du discours du général de Gaulle, qui explique l'importance des suffrages qu'il recueillait dans ces milieux dans les années 50 et 60 : « … La question principale, celle qui est au fond du drame de notre siècle, je veux dire la question de la condition ouvrière. Un jour, la machine a paru. Le capital l'a épousée. Le couple a pris possession du monde. Dès lors, beaucoup d'hommes, surtout les ouvriers, sont tombés sous sa dépendance. Liés aux machines quant à leur travail, au patron quant à leur salaire, ils se sentent moralement réduits et matériellement menacés. Et voilà la lutte des classes ! Elle est partout, aux ateliers, aux champs, aux bureaux, dans la rue, au fond des yeux et des âmes… » Discours pour la fête du Travail, 1er mai 1950, *in* Charles de Gaulle, *Discours et messages*, volume II (février 1946-avril 1958), Plon, 1970.

déclarés, vient de se dissiper : le peuple se retrouve seul et ne suscite plus de considération chez les élites au pouvoir depuis le divorce de 1968. Mais cela ne suffit pas : pour éviter toute mauvaise conscience, il faut justifier cet abandon. Le meilleur moyen de ne pas se sentir coupable, c'est que l'autre le soit : ancien objet d'amour, le peuple doit devenir l'objet d'une détestation *libératrice.*

Voilà pourquoi, au terme d'une *révolution* éthique, les élites n'hésitent plus aujourd'hui à *se moquer* du peuple. Au sens propre, comme Jean-Claude Michéa fut l'un des premiers à en relever les signes dans l'univers sans *tabous* de la culture et de la communication, dont les soixante-huitards sont les maîtres et où ils influencent « la représentation que les élites intellectuelles se font des gens ordinaires : un monde peuplé de beaufs et de Deschiens, cible quotidienne des dessins de Cabu ou des « Guignols de l'info ». Au XIXe siècle, le guignol était l'une des quelques armes dont disposait encore le petit peuple pour brocarder ses maîtres. Il est devenu aujourd'hui l'artillerie lourde que l'élite emploie pour se moquer du peuple[1]. »

La culture Canal +, citadelle de l'élite régnante et lieu de formation pendant deux décennies de la dérision

1. Jean-Claude Michéa, *L'Enseignement de l'ignorance et ses conditions modernes*, *op. cit.*

dominante, aura imposé cette représentation du « franchouillard » en Deschiens, forme achevée d'un racisme antipauvre, se moquant de ces êtres forcément moches et abrutis, habillés en prolo-concierge-bobonne, largués par la technologie et la modernité, et, surtout, trop bêtes et méchants pour inspirer la moindre compassion. Cette élite, volontiers indignée et horrifiée par l'ethnocentrisme coupable qui émane des descriptions des populations colonisées des siècles passés, se livre sans retenue au même exercice avec les milieux populaires d'aujourd'hui.

Un sentiment de distance sociale, d'exotisme et de mépris suinte des textes des artistes qui se sont rendus célèbres en créant les Deschiens, et qui *s'amusent* à décrire cette curieuse « espèce biologique », « peuplade méconnue », vivant dans un « univers à la fois fort lointain et si proche » : « Le Deschien est presque immédiatement repérable à l'œil avisé », et « entre congénères la reconnaissance se fait sur-le-champ ». Le Deschiens est présenté comme un « combattant » qui « fait, comme malgré lui, et à sa manière, la démonstration souveraine et désespérée de l'universalité de la bêtise ».

Les sketches, comme la littérature dérivée (illustrée en couleurs)[1], accordent une part essentielle au critère

1. *Les Deschiens, l'album*, Seuil-Canal+, 1995, et *Au chic Deschiens : essai de panoplie, garde-robe, attirail vestimentaire des années 80-90*, Seuil, 1997.

classique de la distinction sociale que constitue le vêtement : « Ce qui ne manque pas de distinguer radicalement les Deschiens de tout autre groupement humain, c'est leur vestiaire » : « la ligne Deschiens ». Si leur « vêture » a tendance à privilégier « robe nylon », « polo acrylique », « blouse de travail », « gilet tricoté main », et s'ils ne portent « rien de trop neuf », plutôt des « étoffes simples », « jamais sur mesure », il ne faut y voir que « l'expression d'un idéal de vie ». Les pauvres portent des choses pauvres et usées, mais on ne va pas les plaindre, c'est par « idéal de vie ». Ils s'éclatent.

Alors, éclatons-nous ! Hervé Hamon, soixante-huitard, coauteur de *Génération,* la célèbre saga *people* des « chefs » de Mai 68 – dont le peuple est singulièrement absent, malgré ses 1 200 pages[1] –, vient d'avouer, dans une confession personnelle, que, loin d'avoir été un combat politique, malgré son « habillage révolutionnaire », « 68 et sa suite, ce fut une importante partie de plaisir[2] ». Que la vraie libération, comme l'altruisme, consiste à s'occuper de soi-même. Et que le luxe y contribue. Mais attention, nous précise-t-il, pas le luxe « si besogneux et si médiocre » des « bouchers enrichis », qui « s'arrête à la BMW ». Non, son truc, c'est la vie de palace. Mais, en bon soixante-huitard, il tutoie son lecteur, évidemment

1. Hervé Hamon et Patrick Rotman, *Génération*, Seuil, 1987 et 1988.
2. Hervé Hamon, *Le Vent du plaisir*, Seuil, 2001.

– « ce qui est merveilleux, avec le luxe, c'est qu'une fois que tu as payé, tout est gratuité » –, et, pour lui prouver qu'il est resté « espiègle », lui narre avec fierté sa dernière révolte : voler en six jours trente-quatre savons (et pas ces « mini-savons » minables que l'on trouve dans les « deux étoiles ») au Waldorf Astoria, à New York. Bravo !

Hier, les militants de la « justice populaire » maoïste de Bruay-en-Artois fustigeaient « la vie cochonne des bourgeois » qui « puent » ; aujourd'hui, les mêmes se pâment devant les frasques sexuelles de Catherine Millet, et ce sont les pauvres qui ne sentent pas bon. Hier, ils allaient dévaliser Fauchon pour distribuer des produits de luxe dans les bidonvilles de Nanterre ; aujourd'hui, beaucoup baignent dans le luxe et ne redistribuent que leur indifférence envers ce peuple qui ne mérite plus rien.

Un renversement radical a eu lieu : la posture, classique à gauche, de la stigmatisation du bourgeois, pouvant aller jusqu'à la haine sociale, a laissé place à un dégoût pour le peuple, *beaufisé*. Et ce renversement a entraîné celui des torts, qui passent du premier au second.

C'est par l'image, dans un univers où elle règne partout, que s'est peu à peu imposée cette perte de considération pour le peuple. En France, le cinéma fut longtemps un lieu populaire, où le peuple était présent des deux côtés de l'écran. Des acteurs, souvent issus eux-mêmes du peuple, y incarnaient des personnages populaires positifs, en tête d'affiche ou dans ces importants « seconds rôles » qui furent longtemps la chair populaire du cinéma français. Jean Gabin fut l'incarnation de cette noblesse populaire. Françoise Rosay, Valentine Tessier, Arletty, Simone Signoret, Yves Montand, Carette, Bourvil, Charles Vanel, Raimu, Raymond Cordy, Albert Préjean, René Lefèvre, Fernandel, etc., furent ainsi, et à la première place, les interprètes de multiples scénarios mettant en scène des hommes et des femmes du peuple défendant de hautes valeurs – courage, honnêteté, fidélité, sens de la justice – parfois bien mieux que les nantis de l'argent ou de la culture, et capables de grandes histoires d'amour relevant d'un répertoire *universel* qui transcende les différences de classe. Pour les grands dialoguistes de cette époque (Jacques Prévert, Henri Jeanson), le peuple était un acteur de premier plan.

Cette idée forte – le peuple peut avoir de la *classe* –, véhiculée par tant de grands films pendant un demi-siècle, des années 30 aux années 70, a progressivement déserté les écrans. Imagine-t-on aujourd'hui un film mettant en scène les tourments privés ou publics d'un ouvrier, d'un conducteur de locomotive, d'un chauffeur routier, d'un marin-pêcheur ?

Vide, la place du peuple positif a progressivement été occupée, dans le registre militant ou satirique, par des images au mieux étranges et éloignées, au pis, consternantes ou criminelles. Jean Carmet, qui à ses débuts, incarna souvent des figures populaires, se métamorphosa en *Dupont-Lajoie*, un raciste – évidemment campeur affublé d'un marcel – doublé d'un lâche, portant significativement le patronyme qui symbolise le Français le plus commun, le plus répandu, le Français de masse. Mais le peuple peut simplement être repoussant par son exotisme, son altérité risible, comme les Groseille de *La vie est un long fleuve tranquille*, qui marque un tournant, en 1988, dans la représentation du face-à-face entre le peuple et la bourgeoisie (longtemps symbolisé par l'effet de miroir, égalitaire, de *La Règle du jeu* de Renoir), en inaugurant un nouveau comique de situation reposant sur le vertige du bourgeois confronté à l'abîme que constitue le mode de vie du peuple[1].

Cette évolution de l'image du peuple, son retournement, se retrouvent dans la prose de la critique cinématographique, majoritairement tenue par d'anciens soixante-huitards et dont les textes servent non plus à connaître et à interpréter le contenu des films, à comprendre leur place dans l'histoire et l'usage de l'image, comme au temps d'André Bazin ou de Serge Daney, mais à juger de leur conformité : la critique

1. De même, le sommet comique du film *Embrassez qui vous voudrez* est la découverte, par de sympathiques et décontractés « bobos » habitués des hôtels de luxe, que des gens du peuple peuvent passer leurs vacances *en louant un mobile home*.

cinématographique est devenue le dernier refuge de ce que l'on appelait autrefois « la ligne juste ».

Et celle-ci aime désormais un peuple hideux et irrécupérable, comme l'a montré l'accueil enthousiaste fait à *Rosetta* lors de ce Versailles de la culture que constitue tous les ans le festival de Cannes. Ce film de Luc et Jean-Pierre Dardenne met en scène une jeune fille du quart-monde qui a des rapports de brute avec sa mère (évidemment alcoolique) et qui est prête à tout – délation, trahison de l'amitié – pour obtenir un emploi : chez ces gens-là, tout sens moral a disparu. Dans la même veine, beaucoup de gazettes parisiennes ont encensé avec une délectation évidente *Seul contre tous*, de Gaspar Noé, où l'on voit un boucher au chômage de la région lilloise, raciste et incestueux, frapper sa maîtresse enceinte. Même traitement favorable pour *La Vie de Jésus*, de Bruno Dumont, qui, également situé dans cette représentation parisienne de l'enfer social que serait le Nord, met en scène de jeunes chômeurs qui se comportent comme des fauves.

La figure du « salaud de pauvre » est consolatrice. Elle soulage. Elle prévient les remords que pourrait susciter l'abandon du peuple. Elle autorise à ne plus s'en préoccuper. On ne veut plus le voir sous un jour présentable ou innocent, même quand certains s'échinent à le faire – avec les pires difficultés, parce que ce n'est plus à la mode. Ainsi du remarquable documentaire de Luc Decaster, *Rêve d'usine*, tourné en 1999 au milieu des ouvriers de la firme de matelas Epeda, lors de la fermeture de l'usine de Mer, et sorti dans de rares salles quatre ans plus tard. Ce film réaliste et sans concession présente une communauté ouvrière abandonnée qui ne comprend pas son sort et qui prend conscience que la notion même de métier, de travail, change. Une scène émouvante montre un groupe d'ouvrières et d'ouvriers payant leur voyage pour aller voir, sur le stand Epeda du Salon de l'ameublement, les matelas fabriqués à l'étranger qui vont désormais remplacer les leurs. Ils touchent ces matelas, les caressent, les retournent et découvrent leur grossièreté, leurs défauts, leur manque de finition, dont ils se signalent les différents détails. Ils en sont plus étonnés et tristes que furieux. Leur douleur, au-delà de leur licenciement, vient de cette révélation de la dévalorisation de leur travail. Ils ne comprennent pas. Par ces quelques minutes, Luc Decaster souligne que ces smicards ont conservé plus de conscience professionnelle que leur patron, et que ces perdants restent les derniers à défendre la notion de « travail bien fait ». Péguysme ringard ! *Libération* n'a vu dans ce beau film que « la masse lasse des blouses bleues » : « Tourné au plus près, le film est lourd de ce fatum ouvrier[1]. »

Le peuple-victime n'est plus digne d'intérêt. Il y a des victimes plus sympathiques, telle cette pauvre petite fille riche qui roule en Jaguar en chantant *L'Internationale* et dont nous partageons le malheur

1. *Libération*, 5 mars 2003.

dans *Il est plus facile pour un chameau...*, film de Valeria Bruni-Tedeschi qu'a beaucoup apprécié la critique. « Être riche aujourd'hui n'est pas un péché. Éventuellement un fardeau, pardon, un stress », ainsi que le précise à son propos *Le Monde.* On préfère désormais un riche qui pense bien à un pauvre qui ne sait plus quoi penser, ou qui pense mal[1].

Et, pour certains, il en faut peu pour que le peuple pense mal, comme l'a montré la condamnation capitale du *Fabuleux Destin d'Amélie Poulain,* le film de Jean-Pierre Jeunet plébiscité par le grand public mais accusé par la critique « branchée » de « faire le jeu du Front national ». Pourquoi ? D'abord parce qu'il donne, au travers de ses personnages d'un Paris populaire, une image trop positive des Français modestes et heureux : buraliste, épicier, banlieusard, concierge, grincheux de quartier, fonctionnaire... Parce que le personnage de marchand des quatre-saisons qu'incarne Jamel Debbouze fait trop titi parisien et, plus grave, qu'il a pour prénom Lucien. Et, surtout, parce que le

1. Exception notable à ce mépris : *Le Goût des autres*, d'Agnès Jaoui et Jean-Pierre Bacri, grand succès commercial (3,7 millions d'entrées), met au contraire en scène la haine de classe d'une tribu de cultureux satisfaits pour lesquels le peuple inculte englobe un petit patron de PME qui découvre par hasard ce qu'est le théâtre, ne demande qu'à être initié et se voit moqué et humilié parce qu'il ne maîtrise pas les codes de l'hypocrisie bien-pensante. Mais Agnès Jaoui est une scénariste atypique qui pense que le goût n'est pas une affaire de classe, mais « s'éduque et s'apprend ».

formidable succès populaire de ce film exprimait le souvenir d'un Paris révolu où les quartiers étaient propres et tranquilles et les petites gens, joyeuses et polies. Un scandale, comme l'a relevé David Martin-Castelnau : « Le peuple dépeint sans sarcasme ni condamnation ? Le choc, pour la bien-pensance libérale-libertaire, n'aurait pas été plus rude que celui éprouvé par un mollah apercevant une foule de naturistes dans les rues de Téhéran[1]. »

La violence de la critique, sa connotation politique – « non contente d'être réfugiée dans le passé et dans le fantasme populo afférent, Amélie Poulain est profondément réactionnaire[2] » – a évidemment débouché sur l'utilisation de la force de frappe (la vichysation) : « L'air d'accordéon, les quartiers villageois, le drapeau français, on peut en avoir peur, la France est quand même un petit pays assez médiocre avec un lourd passé collabo[3] ». Panique renforcée par l'énorme succès populaire qu'a recueilli le film, révélant qu'il avait mis au jour un enjeu explosif : *la nostalgie*. Transgression grave, car la nostalgie, privilège de classe, est interdite au peuple.

L'attachement pour ce qui était avant, pour ce que l'on faisait avant, pour ce que l'on mangeait avant,

1. David Martin-Castelnau, *Les Francophobes*, Fayard, 2002.

2. Serge Kaganski, rédacteur en chef des *Inrockuptibles, Libération*, 31 mai 2001.

3. *Libération*, 26 décembre 2001.

pour ce que l'on enseignait avant, est un sentiment largement partagé mais qui n'est pas autorisé au peuple. À l'heure du « bougisme », ce dernier ne cesse de recevoir des leçons qui lui apprennent les vertus de l'adaptation à la nouveauté, au changement : il lui faut « tourner la page », ne pas être « frileux », ne pas s'attacher aux « acquis », aux « habitudes ». Tout change, c'est comme ça. Mais cette nostalgie interdite au plus grand nombre est licite sur le marché du luxe, éminemment *conservateur* : l'*ancienne vie* est réservée à ceux qui peuvent se la payer. Une vraie résidence secondaire doit être une bâtisse « ancienne », « de caractère », dans son « jus », décorée et meublée selon les traditions du « terroir ». Les revues de « déco » débordent de ces *atmosphères* nostalgiques qui valorisent les formes, les couleurs et les odeurs du passé, tout comme les revues touristiques valorisent les villégiatures traditionnelles, hors du temps, où les « ambiances du passé » sont prisées. Les écoles privées jouent désormais le rôle de conservatoire des valeurs et de la sécurité qu'assurait l'école publique à l'ancienne, mais le peuple, qui en exprime le regret en assurant un phénoménal succès au documentaire *Être et avoir*, se voit immédiatement accusé de « nostalgie[1] ». De même, la recherche du « bio » et du « naturel », du produit « fermier » ou « paysan »,

1. « Le réactionnaire *Être et avoir* [...] qui mouilla de nostalgie les yeux de millions de bons Français », *Libération*, 13 octobre 2003.

constitue un privilège coûteux auquel le peuple n'a guère accès. Son attachement aux modes de travail anciens, aux paysages révolus des quartiers populaires, est condamné. La nostalgie est, d'un côté, distinction sociale de l'élite, jouissance autorisée ; de l'autre, signe coupable des perdants et des ringards, dépossédés de leur présent comme de leurs souvenirs.

VOUS CHANGEZ ?
CHANGEZ DE PEUPLE !

IV

UN PEUPLE DE PERDU ?
DIX DE RETROUVÉS !

Où l'on voit que, pour rester de gauche, la nouvelle bourgeoisie a besoin de nouveaux peuples pour remplacer celui qui ne lui convient plus.

« Après l'insurrection du 17 juin
Le secrétaire de l'Union des écrivains
Fit distribuer des tracts dans la Stalinallée.
Le peuple, y lisait-on, a par sa faute
Perdu la confiance du gouvernement
Et ce n'est qu'en redoublant d'efforts
Qu'il peut la regagner. Ne serait-il pas
Plus simple alors pour le gouvernement
De dissoudre le peuple
Et d'en élire un autre ? »

BERTOLT BRECHT

Comment rester de gauche lorsque l'on finit par éprouver indifférence ou mépris envers le peuple, alors que le sort de celui-ci fut longtemps la raison d'être de cet engagement ? Il suffit de changer de peuple. À défaut de libérer ce peuple crasse et traître à la Cause, les soixante-huitards se sont trouvé plein de petits prolétariats de rechange. À commencer par eux-mêmes.

Car le bourgeois de gauche est à lui tout seul un peuple en révolte permanente. Surdoué de la communication, technique majeure dans laquelle beaucoup des siens ont établi leurs quartiers créatifs, il a réussi à faire croire, comme la FNAC, qu'il est resté *agitateur d'idées depuis 1968.* Son tour de passe-passe : la provocation comme substitut à la révolte. Ce sophisme de potache – « Je scandalise, donc je suis un révolté » – s'est mué en conformisme, en impératif de marketing qui imprègne tous les domaines de la consommation culturelle. Le marché de l'art dont on parle fonctionne à la provocation, dans une répétition routinière et pompière du canular novateur de Marcel Duchamp qui avait baptisé œuvre d'art un urinoir. L'invasion de la pornographie chic et du voyeurisme choc permet, dans l'édition, au cinéma et à la télévision, d'attirer le chaland par une surenchère de « jamais vu » ou « jamais lu », devenus de simples arguments commerciaux. Y compris dans le luxe : dans la mode, que trouver pour se distinguer des autres quand tous les registres de la bouffonnerie, de la laideur ou de la nudité ont été essayés ? On peut toujours trouver mieux, puisque l'on a pu voir récemment défiler des mannequins maquillés avec un œil poché, bossus ou costumés en déportés, et ces « audaces » ont permis à leurs créateurs de se faire remarquer des gazettes. Le sommet du luxe bourgeois est atteint par ce vent de révolte, ainsi que le montrent les publicités pour Dior, Gucci, Ungaro, suggérant des scènes de sadisme et de viol sur papier glacé : du « transgressif provocant », expliquent les « créatifs » des agences de publicité où œuvrent nombre d'anciens soixante-huitards toujours sur la brèche. Et toute critique à leur encontre ne peut être que « retour à l'ordre moral », comme nous a mis en garde *par avance* le porte-parole de l'Association des agences conseils en communication.

Car c'est l'une des réussites de la langue de bois soixante-huitarde : toute contestation de ce marketing de la provocation sera dénoncée comme la résurrection d'un « ordre moral » pourtant aujourd'hui introuvable, si ce n'est à travers cet impératif dominant de la transgression obligatoire et radieuse. Pour avoir évoqué sans détour les dégâts collatéraux de la libération sexuelle, Michel Houellebecq[1] a été catalogué « réac », de même que l'essayiste Jean-Claude Guillebaud[2] a été qualifié d'« abbé Guillebaud », de « moraliste », et

1. Michel Houellebecq, *Les Particules élémentaires*, Flammarion, 1998.

2. Jean-Claude Guillebaud, *La Tyrannie du plaisir*, Seuil, 2002.

excommunié par *Libération* parce que sa « soutane idéologique jamais ne porta de braguette ».

Cette nouvelle idéologie dominante se révèle bien plus efficace que la précédente : l'habileté de ces nouveaux conformistes consiste à se présenter en parias, victimes d'une prétendue « haine de Mai 68 ». Au faîte de sa puissance médiatique, l'ancien mao balladurisé qu'est Philippe Sollers excelle dans ce numéro : « 68, c'est la marque de la Bête, plus maudite encore que le 666 biblique », écrit-il à la une du *Monde*, dont il est devenu un des éditorialistes. Tel un coucou suisse, Philippe Sollers piaille régulièrement son effroi au nom de l'amicale des anciens-soixante-huitards-ayant-réussi et auxquels, selon lui, de « jeunes cons réactionnaires ambitieux » se permettent de manquer de respect. C'est la coquetterie des soixante-huitards : au sommet de leur pouvoir, ils veulent qu'on continue à les traiter de « gauchistes », d'« ennemis de l'ordre public », de « rebelles »[1]. Ce qui constitue une innovation géniale et une assurance de paix sociale : qui prétendrait encore vouloir se révolter dans cette société où la bourgeoisie est la plus révoltée ?

1. L'un des sommets de cette *rebellitude* fut le dialogue entre Philippe Sollers et Jean-Marie Messier, deux combattants pleurnichant sur leur sort de révolutionnaires martyrisés. Au cours de cette conversation, l'iconoclaste Sollers en profita pour se plaindre au grand patron d'être maltraité dans l'un des journaux de son groupe de presse (Philippe Sollers et Jean-Marie Messier, « Je te provoque, toi non plus ! », *Le Figaro-Magazine*, 23 juin 2001).

Mais abandonner le peuple, l'oublier et le mépriser ne suffit pas. Il faut aussi qu'il se tienne à carreau. Qu'il n'ose pas la ramener. Qu'il comprenne bien que son tour est passé et que les libérateurs ont trouvé des causes de substitution. Car il faut des « causes » pour rester de gauche. Pas seulement des causes « radicales » pour sauver les apparences. De nouveaux « damnés de la terre » pour intimider le peuple et le culpabiliser.

Le thème de l'« exclusion » fut et demeure l'un des meilleurs gisements de culpabilisation du peuple : apparu à la fin du giscardisme, il a été développé et entretenu par la gauche au pouvoir. Par un tour de passe-passe, il a servi à rendre impertinentes les plaintes du peuple : à l'heure de l'exclusion et de la « grande pauvreté », les ouvriers et employés ayant *encore* un emploi ont eu le bonheur de se voir requalifiés : ils avaient désormais l'étiquette de « privilégiés ». L'époque est aux victimes.

Ce fut l'une des suprêmes habiletés du mitterrandisme : jamais des gouvernements de gauche n'utilisèrent autant le mot « privilégiés », non pas à l'égard des possédants, mais du peuple. « Pour la première fois dans l'histoire de la gauche et du mouvement ouvrier, ses penseurs proposent aux moins exploités de s'aligner sur les plus exploités[1]. »

---

1. Philippe Cohen, *Le Bluff républicain. À quoi servent les élections ?*, Arléa, 1997.

Les concepteurs de cette innovation siégeaient à l'Élysée, dans l'entourage du président. L'instrumentalisation, au plus haut niveau de la gauche politique, du sympathique Coluche et de ses « Restos du cœur » aura ainsi servi une manœuvre qui l'était beaucoup moins : l'abjuration par la gauche de l'un de ses grands principes – la solidarité sociale – au profit de la charité, devoir privé respectable et nécessaire, mais érigé en spectacle officiel intimidant, avec la complicité non plus des dames patronnesses, tant dénoncées à gauche, mais celle, beaucoup plus moderne, de la nouvelle aristocratie à paillettes des saltimbanques télévisuels. Sans oublier la contribution décisive des médias au lancement du concept de « nouveaux pauvres », qui a beaucoup servi à entretenir la confusion, notamment par l'utilisation de l'image des SDF, devenus l'enjeu principal d'une nouvelle « question sociale ». Alors que les SDF constituent une population mêlée, relevant de problématiques très différentes dont celle du handicap, une partie non négligeable d'entre eux – que l'on appelait autrefois les « clochards » – étant des psychotiques de longue date abandonnés par la psychiatrie, ainsi que l'a montré l'un de leurs meilleurs connaisseurs, Patrick Declerck, qui réfute le mythe de la rupture brutale et de la *chute* dans la rue[1]. Mais les journaux télévisés n'ont pas

1. Patrick Declerck, *Les Naufragés : avec les clochards de Paris*, Plon, « Terre humaine », 2001.

hésité à les assimiler au cadre viré interprété par Gérard Jugnot dans le film *Une époque formidable*, pour qu'ils incarnent le nouveau « peuple de la misère » – docu-drama qui passa en boucle au début des années 90, période étrange où la gauche branchée a élevé l'abbé Pierre au rang de star nationale et réduit Henri Krasucki à celui de crétin guignolesque ; et où l'une des dirigeantes du Parti socialiste, la technocrate Martine Aubry, créa une fondation privée (« Agir contre l'exclusion ») subventionnée par des patrons et dont les effets se seront révélés surtout médiatiques[1].

Beaucoup, parmi les salariés les plus démunis, ont ainsi fini par se convaincre qu'ils faisaient eux aussi partie des nantis, qu'ils avaient tout à perdre et qu'il valait mieux pour eux se tenir tranquilles. Les enquêtes d'opinion montrent que, dans le secteur privé, le souci de maintenir son emploi passe désormais avant le salaire, la durée et les conditions de travail. Et le nombre de jours de grève a été divisé par cinq entre 1982 et 1992, alors qu'il a doublé dans le secteur public, dont les salariés n'étaient guère touchés par la crainte de devenir de « nouveaux pauvres ». L'évolution du fameux RMI, principal

1. L'Observatoire de la générosité de la Fondation de France a établi que les membres de l'actuelle génération de quinquagénaires sont beaucoup moins généreux avec les associations d'aide aux exclus que ne l'étaient leurs aînés.

acquis du rocardisme et nouveauté dans la hiérarchie sociale, aura joué un rôle déterminant dans l'installation de ce nouveau peuple de damnés, finalement moins aidé à revenir dans le monde des « privilégiés » qu'entretenu dans sa permanence, avec ses effets d'intimidation sur le peuple au travail. Ses inspirateurs les plus sincères – tel Jean-Baptiste de Foucauld – constatent aujourd'hui amèrement que le « I » de RMI (l'insertion) reste un vœu pieux et que cette réforme sociale aura créé une population immobilisée dans la désinsertion et condamnée à la survie avec une allocation minimale. Plus de la moitié des allocataires ne passent en effet jamais de contrat d'insertion, et celle-ci ne se concrétise que dans 10 à 15 % des cas[1].

Longtemps la bourgeoisie a dû justifier auprès du peuple les inégalités sociales dont elle bénéficiait. Le thème de l'exclusion lui permet de faire partager au peuple le poids de la culpabilité de l'inégalité sociale en mettant simplement en scène le sort des exclus, pour lesquels elle n'a guère engagé plus que sa compassion publique. La chronique télévisée aura consacré plus d'images aux Restos du cœur qu'au chômage, qui n'a cessé pendant vingt ans de défaire des familles ouvrières terrassées par l'équation, banale, de crédits que l'on ne peut plus rembourser, de

---

1. Robert Castel, *L'Insécurité sociale. Qu'est-ce qu'être protégé ?*, Seuil, 2003.

logements devenus invendables dans des bassins industriels sinistrés, de divorces aux effets financiers et psychologiques plus lourds que dans d'autres catégories sociales. Des familles luttant pour ne pas chuter, dans un silence et un isolement croissants : « Pour les classes populaires qui se battent en pleine crise, pour eux et pour leurs enfants, qui veulent s'en sortir “seuls”, la tête haute, sans dépendre de l'assistance sociale, qui persistent dans leur ancienne morale du travail, qui cherchent à correctement élever leurs enfants, l'attention de plus en plus marquée des intellectuels et des politiques pour les exclus est ressentie comme un déni d'existence. La focalisation sur les exclus, c'est une façon de ne pas comprendre la lutte de ces classes populaires pour ne pas devenir des exclus. On lit cette lutte comme de l'individualisme, mais on pourrait très bien voir qu'il s'agit d'une réaction collective[1]. »

Ce thème de l'exclusion est si pratique qu'il a été utilisé, conjugué, exploité dans tous les domaines : il y a plein de combats légitimes à mener ; plein de peuples de substitution pour qui s'émouvoir ; plein de causes fantastiques à *agiter.* Rarement pour les voir triompher, mais pour oublier celle du peuple.

---

1. Michel Pialoux et Florence Weber, « La gauche et les classes populaires. Réflexions sur un divorce », *Mouvements*, septembre-octobre 2002.

La voie fut ouverte dès le lendemain de 68 avec les détenus : le « peuple des prisons » fut le premier peuple de substitution à s'offrir en remplacement de celui qui n'avait pas su se montrer digne. Alors qu'à Paris les défilés de Mai 68 étaient passés plusieurs fois sous les murs de la prison de la Santé dans une totale indifférence à l'égard de ceux qui y étaient enfermés, ce sont des maoïstes qui créèrent avec Michel Foucault, dans les années 70, le Groupe d'information sur les prisons. Cause aussi urgente qu'indiscutable à l'époque, mais force est malheureusement de constater qu'elle le reste trente ans après : la mobilisation militante n'aura guère eu d'effets. Aujourd'hui, la situation des prisons françaises est pareillement scandaleuse, sinon plus, tant sur le plan matériel – indigne – que symbolique : l'institution pénitentiaire, censée réinsérer le condamné dans le respect de la loi, se montre, dans la plupart des cas, incapable de respecter les droits élémentaires du détenu. Le taux de suicides dans les prisons françaises demeure l'un des plus élevés d'Europe et a doublé depuis 1980. Il faut dire que, malgré mots d'ordre et campagnes de presse – périodiques –, cette cause aura suscité chez ses militants peu de vocations de visiteurs de prison ou de parrainages de détenus. Surtout, en deux septennats de gouvernements de gauche, aucune réforme sérieuse n'aura été proposée pour mettre fin à ce scandale français. Dans les pays sociaux-démocrates d'Europe du Nord, plus soucieux des détenus en pratique qu'en théorie, la loi impose par exemple la présence d'un seul détenu par cellule, tandis qu'en France la surpopulation n'a cessé de croître.

En réalité, le sort concret des prisonniers importe moins que la possibilité d'invoquer un nouveau peuple de damnés, ainsi que l'a récemment si bien exprimé le combattant de plateaux télé Dan Franck : « Les détenus, c'est une classe sociale. » Qui sert à remplacer celle qu'on ne veut plus voir, de même que sont invoqués tous les « sans » – « sans-papiers », « sans-logement », « sans-travail » – regroupés dans le collectif No Vox et dans des structures très médiatisées, souvent creuses, qui servent à faire diversion et que dénoncent des militants authentiques comme Bernard Cassen : « Le *hic* est qu'elles sont aussi "sans" beaucoup de membres [...]. Il est dans l'ordre des choses qu'elles prétendent parler au nom des "sans". Ce qui l'est moins, c'est que l'on fasse semblant de les croire. Cela évite de se poser la question à 20 millions (de personnes). Car c'est la question centrale : ni les syndicats ni les partis ne touchent la vraie France "d'en bas" : celle de ces quelque 20 millions de personnes – chômeurs, ouvriers et employés pauvres, petits commerçants éliminés par les grandes surfaces, familles monoparentales, précaires, immigrés, etc., qui sont "sans" accès à l'exercice effectif de la citoyenneté. Nombre d'entre elles désespèrent de l'action publique et, lors des élections (quand elles disposent du droit de vote), ne se déplacent pas jusqu'aux urnes ou y mettent un bulletin Front national [...]. La solution de facilité est de s'en remettre aux No Vox afin de se donner l'illusion que ces immenses secteurs de la société sont effectivement impliqués [...]. Chacun sait pourtant bien que c'est là une imposture politique[1]. »

Sur ce modèle, la cause de « minorités » plus ou moins réelles permet souvent de délaisser des majorités qui n'ont pas les ressources nécessaires pour se défendre, comme le montre la thématique récurrente des « minorités sexuelles » en tout genre qui occupent aujourd'hui dans certaines gazettes plus de place que le sort des femmes. Et ce qu'est devenue la question du féminisme permet de mesurer à quel point le peuple est aussi exclu de ces nouvelles « luttes ». Les organisations féministes dont la presse parle se sont fait une spécialité de l'assistance aux célébrités outragées (Dominique Voynet, Martine Aubry, Laure Adler), pourtant plutôt bien armées pour se défendre toutes seules.

Ce féminisme de posture a sans aucun doute amélioré la situation, le respect et les carrières des femmes diplômées. Mais sans considération ni intérêt pour le sort des femmes du peuple, dont la situation n'a cessé de se détériorer. Depuis vingt ans, les dispa-

1. Bernard Cassen, *Tout a commencé à Porto Alegre...*, Mille et Une Nuits, 2003.

rités sociales entre hommes et femmes se sont accrues. Aujourd'hui, 80 % des « salariés pauvres » (percevant un salaire inférieur au SMIC) sont des femmes, tout comme 85 % des allocataires du minimum vieillesse, parce que, dans les milieux populaires (agriculture, artisanat, petit commerce), des femmes ont souvent travaillé toute leur vie auprès de leur mari sans cotiser[1].

Ce féminisme ne s'est guère plus intéressé à la barbarie qui menace les filles et femmes de banlieue[2]. Lesquelles ont dû elles-mêmes attirer l'attention sur leur sort en créant des associations dont les enjeux dépassent la parité en politique ou la féminisation des titres de ministre et de professeur d'université... Telle Ni putes ni soumises, association qui a suscité la prudence de la gauche et a d'abord été reconnue et soutenue par la droite, comme le remarque Guy Konopnicki : « Pour les bourgeois libérés des grandes villes, les élus de la gauche plurielle se montrent à la *Gay Pride*. Pour les filles de banlieue, la loi coranique est bien assez bonne [...]. Nous sommes au XVIIIe siècle. L'aristocratie est libertine, l'esprit de la

1. Margaret Maruani, *Travail et emploi des femmes*, La Découverte, 2003.

2. Selon le Haut Conseil à l'intégration, chaque année, en France, au moins 70 000 adolescentes sont soumises à un mariage forcé, et 35 000 fillettes à une excision (*Les Droits des femmes issues de l'immigration. Avis à Monsieur le Premier ministre*, Haut Conseil à l'intégration, 2003).

Régence brille dans les salons. La loi du clergé est assez bonne pour le peuple[1] ! »

Ces causes de substitution – auxquelles il faudrait ajouter la thématique maurrassienne des « peuples régionaux », recyclée par la gauche post-68 – disqualifient *de l'extérieur* celle du peuple, qui se retrouve ringardisé (par la « révolution des mœurs »), culpabilisé (par l'« exclusion »), apeuré (par la perspective de finir « nouveau pauvre »).

D'autres causes se révèlent plus destructrices encore en opérant *de l'intérieur* du peuple. C'est notamment le cas de la très efficace question de l'insécurité, qui présente l'avantage de fournir à la fois un peuple de substitution de plus (le délinquant-victime), une arme sélective qui a la particularité de détériorer beaucoup les conditions de vie du peuple (mais très peu celles des élites), et un argument de plus pour stigmatiser le peuple qui a le tort de s'en plaindre.

Il s'agit là aussi d'une vraie révolution dans la culture de gauche, longtemps guidée par la distinction nette faite par Karl Marx entre prolétariat et lumpenprolétariat, le premier devant être, selon lui, privilégié contre les effets destructeurs du second. Aujourd'hui, c'est l'inverse : le prolétaire, qui n'a aucun moyen d'échapper à la destruction de sa vie quotidienne et parfois de sa dignité, est désavoué et condamné au nom de la

1. Guy Konopnicki, *La Gauche en folie*, Balland, 2003.

compassion envers le nouveau lumpen (rebaptisé[1]). Ce paradoxe étrange – le choix, *à situation sociale égale*, du délinquant contre la victime – ne remonte qu'à quelques décennies. C'est dans les années 70, notamment lors de l'opposition au projet de loi Sécurité et liberté d'Alain Peyrefitte, que l'argumentation « antisécuritaire » en faveur du peuple-délinquant contre le peuple-victime prit la forme d'un réflexe simple : le délinquant se voit toujours reconnaître une raison valable d'avoir agi comme il l'a fait, tandis que la réaction de sa victime – quand elle le peut encore – ne suscite qu'indifférence, incrédulité, voire condamnation immédiate si elle prend elle-même une tournure délinquante. La délinquance de défense n'a pas la légitimité de la délinquance d'agression.

Ce retournement a pris naissance dans l'après-68. Gérard Guégan se rappelle que, dans la Sorbonne occupée, le courant passait déjà plus et mieux avec les voyous et les « Katangais » qu'avec les ouvriers[2]. Une partie du gauchisme était passionnée par la transgression délinquante ou criminelle, comme le soulignent l'ampleur prise par le cas Pierre Goldman et le succès

1. Les dictionnaires étant de plus en plus à l'affût de l'air du temps, il est significatif de constater que le terme de « lumpenprolétariat » a disparu du *Petit Larousse illustré* dans les années 90, et que le *Robert*, réputé pour la richesse et la fraîcheur de son contenu, ne retient pas non plus ce mot obsolète.

2. Gérard Guégan, *Soudain l'amour*, Grasset, 2003.

de la publication par Michel Foucault d'un petit livre consacré à un assassin extrême[1] pour lequel il ne cachait pas sa fascination. C'est l'époque où cet intellectuel radical, compagnon de route des maoïstes, parle non plus du peuple, mais de la « plèbe », et place plus d'espoir dans la marginalité criminelle de celle-ci que dans le respect de l'ordre et de la propriété d'un prolétariat embourgeoisé. Michel Foucault constate que la plèbe est soit utilisée par l'appareil répressif de la bourgeoisie (armée, police, milices), soit enfermée par cet appareil répressif (prisons). Mais, voyant dans la criminalité une forme de lutte sociale, il mise sur l'énergie transgressive de ceux qui sont « les plus prêts à passer à l'action immédiate et armée », et sur leur « jonction » avec le prolétariat. Jonction que la bourgeoisie, selon lui, fait tout pour éviter en intoxicant le prolétariat avec la « morale dite universelle » : « les idées bourgeoises concernant le juste et l'injuste, le vol, la propriété, le crime, le criminel », qui commencent avec « la morale de l'école primaire[2] ».

Ce penchant pour le délinquant contre la victime, devenu un réflexe qui n'épargne pas la droite, s'exprime aujourd'hui en toute circonstance. La polémique sur les raves permet de saisir ce paradoxe à l'état chimique-

1. Michel Foucault, *Moi, Pierre Rivière, ayant égorgé ma mère, ma sœur, mon frère*, Gallimard, 1973.

2. Michel Foucault, « Sur la justice populaire, débat avec les maos », in *Dits et écrits*, I, 1954-1975, Gallimard, 2001.

ment pur, d'une part parce que cette forme de délinquance de masse n'a aucune justification sociale, et, de l'autre, parce qu'elle est annoncée et se déroule dans la transparence, sous les yeux de tous. Elle se traduit, dans un pays où le moindre concours de pétanque doit faire l'objet d'une autorisation préfectorale, par l'occupation brusque et illégale d'une propriété privée, le plus souvent agricole, avec destruction de biens, déprédations, pollutions et dépôts d'ordures en tout genre.

Les dégâts et le préjudice – souvent importants – ne figurent généralement pas dans les comptes rendus de la presse, pas plus que le point de vue des victimes, souvent des paysans, qui s'efforcent en vain de s'opposer à ces voies de fait. « Cela bloque au niveau local », nous explique sans plus de précisions le « sociologue » de service, convoqué par *Libération* afin de « décrypter la stratégie du gouvernement et l'impact de la loi Vaillant, qui impose aux raveurs d'obtenir une autorisation préalable des pouvoirs publics ». Et l'on découvre que ce « docteur en sociologie », sollicité comme expert, est par ailleurs « membre du Collectif de *sound systems* », le lobby des organisateurs de *rave parties* – il ne risque donc pas de nous donner des détails sur ce blocage « au niveau local[1] ». Selon lui, il n'y a qu'une victime reconnue : le raveur qui se plaint de l'« intolérance » des autochtones.

---

1. « L'impact des autorisations préalables selon Lionel Pourteau, sociologue », *Libération*, 1er août 2003.

Il faudra attendre, au cours de l'été 2003, la plaisanterie de Nicolas Sarkozy proposant, à propos d'une grande rave, le site du Larzac qui avait accueilli la « Bové partie », pour apprendre enfin par la presse – parce que les paysans du Larzac, soutenus par le leader altermondialiste, ont refusé de se laisser envahir par ces raveurs « qui ne respectent rien[1] » – que ces rassemblements créent des « nuisances réelles[2] ».

La polémique sur les récentes dispositions visant à assurer la protection des gardiens d'immeubles HLM et sur l'interdiction de séjourner dans les halls d'entrée illustre aussi cette préférence pour le délinquant contre la victime à *situation sociale égale*. Le fait que la vie quotidienne de nombreux habitants de HLM, qui s'en plaignent, soit rendue impossible et indigne à cause de *quelques* individus n'a suscité, pendant des années, ni compassion ni intérêt. Le vote, en mars 2003, d'une loi réprimant ces comportements a montré ses limites, la

1. *Le Monde*, 14 août 2003.

2. La tolérance officielle pour ces destructions de terres paysannes par les raves constitue l'une des dernières prérogatives régaliennes de l'État échappant au mouvement général de décentralisation : c'est une responsabilité directe du ministre de l'Intérieur et l'un des rares domaines où le pouvoir des préfets prime encore sur celui des maires. Fin 2003, dans la banlieue de Rennes, des habitants qui avaient pâti d'une rave en 2001 (400 000 euros de dégâts non remboursés deux ans après, malgré la promesse de l'État) et qui s'opposaient à sa réédition, fermement soutenus par le maire socialiste de Rennes, n'ont pas fait le poids face à la vigilante fermeté du préfet en faveur de la *jeunesse*.

peur des représailles, qui retient le témoignage des victimes, empêchant beaucoup de procédures d'aboutir. Obtenue par des victimes – une association de mères de famille, pour la plupart d'origine immigrée, et une société de logement social –, la première condamnation en application du nouveau texte a entraîné plus de commentaires sur la « rigueur » de la peine (un mois de prison ferme) que sur ce qu'avaient vécu les habitants d'une tour du quartier des Trois-Ponts de Roubaix, dans le Nord : « Injures, graffitis, coups dans les portes, boîtes aux lettres descellées à la barre à mine, porte du hall arrachée, ascenseurs souillés par l'urine[1]. » Une autre condamnation a sanctionné, à la demande d'une société de HLM, les auteurs de voies de fait, injures racistes et menaces de mort à l'endroit d'un de ses gardiens, Noir, qu'elle avait été contrainte de faire déménager[2].

Les auteurs de ce genre de comportements – généralement rapportés sous l'euphémisme, devenu courant, d'« incivilités » – ont des défenseurs, y compris parmi les professionnels chargés de la justice. Les membres du Syndicat de la magistrature ont adopté à l'unanimité un texte dénonçant une volonté de « transformer en délit le seul fait de refuser,

1. « Les condamnés de la tour B », *Le Nouvel Observateur*, 28 août 2003.

2. *Le Monde*, 8 janvier 2004.

lorsqu'on habite une cité HLM, de passer des soirées à se laisser abrutir par les programmes de télévision ». Réaction suintant un mépris de classe : les pauvres n'auraient donc pas besoin de propreté ni de tranquillité, et les habitants de HLM, pas d'autre alternative que de s'abrutir devant la télé ou de détruire des halls d'entrée. Chez ces gens-là, on ne lit pas, on ne reçoit pas d'amis, on ne vit pas[1]...

Effet logique de l'oubli du peuple, le choix du délinquant contre la victime, qui sert de ligne à la gauche depuis des années – exception faite de l'épisode Chevènement, sur ce point en minorité au sein du gouvernement Jospin –, est une constante inébranlable. Une habitude : le mot « victimes » ne figurait pas dans le projet de lettre électorale du candidat Jospin en 2002[2]. Au pis, la délinquance n'existe pas ; c'est une invention d'un « "peuple-

1. « Tempête sur les libertés », rapport d'activité au 35e congrès du Syndicat de la magistrature, novembre-décembre 2001, cité par Didier Peyrat, *Éloge de la sécurité*, Gallimard, 2003, qui ajoute : « Il faut n'avoir jamais pénétré dans le hall d'une HLM jonché de canettes et puant l'urine pour oser douter de la réalité de ces petit dégâts, qui ne sont "petits" qu'aux yeux de ceux qui en sont prémunis par la distance sociale et les inégalités dans l'habitat. »

2. C'est Yves Colmou, alors conseiller en communication de Lionel Jospin, qui, s'en apercevant in extremis avant l'impression du document, fit ajouter une ligne sur « l'aide aux victimes », racontent Philippe Cohen et Frédéric Ploquin (« Comment la gauche a perdu sur la sécurité », *Marianne*, 21 avril 2003).

émotion” qui envahit nos sociétés démocratiques[1] ». Peuple que l'on finit par psychiatriser : il est malade de ses « émotions », en proie à la « psychose sécuritaire » provoquée par ce « sentiment d'insécurité » qui fut, durant des années, le diagnostic de la gauche[2]. Thématique qui se conjugue, chez un autre sociologue, avec la vieille rhétorique de la dénonciation du profit : « L'insécurité ne veut rien dire, comme la délinquance, dont il existe des genres différents dans tous les milieux professionnels, sociaux, à tout âge. Idem pour la violence, a fortiori lorsque, aujourd'hui, on désigne sous le même vocable aussi bien un regard dur qu'un meurtre, une gifle ou une injure. Ces mots renvoient à des peurs, pas à des phénomènes précis. La manipulation de ces peurs sert tous ceux qui font des affaires avec la sécurité[3]. »

Le diagnostic psychiatrique s'applique même aux titulaires de pedigrees politiques incontestables, comme l'illustre la mésaventure survenue à l'écrivain Thierry Jonquet, l'une des figures du polar français d'extrême gauche, ancien militant trotskiste de la Ligue communiste. Vivant depuis longtemps à Belle-

1. Denis Salas, *Le Tiers pouvoir : vers une autre justice*, Hachette, 1998.

2. Réflexe de dénégation qui joue à nouveau face à la montée des violences antisémites, minimisées par l'invocation d'une nouvelle pathologie : le « sentiment d'antisémitisme, notamment dans les banlieues » (*Le Nouvel Observateur*, 9 octobre 2003).

3. Laurent Mucchielli, *Le Nouvel Économiste*, 14 mars 2003.

ville, quartier populaire parisien par lequel ont transité depuis un siècle plusieurs vagues d'immigration, il constate la dégradation des lieux, l'ambiance locale étant détruite par les tags, la saleté, le trafic de drogue et la violence – et surtout par l'indifférence générale devant l'état de ce quartier « que l'on a laissé pourrir sur pied ». Il observe qu'après « deux siècles de *melting-pot* », quelque chose a été irrémédiablement cassé : Belleville, « c'est fini ». La découverte de seringues usagées dans le jardin de la crèche du quartier le met en colère et finit par lui rendre insupportable le ballet des dealers qu'il voit quotidiennement sous sa fenêtre. Un jour, il prévient la police... Et, comme le militant pense toujours, selon la formule de Gramsci, que « seule la vérité est révolutionnaire », il raconte tout cela dans un émouvant petit livre[1]. Il sera proprement « exécuté » par Michel Wieviorka, tête de file de la sociologie des « mouvements sociaux » et alors rédacteur en chef du *Monde des débats,* qui qualifiera le crime – « dénoncer un dealer qui a le malheur d'agir sous ses fenêtres » – ainsi que sa catégorie : « poujadisme », « populisme ». Et l'expert de dresser le profil psychiatrique du criminel Thierry Jonquet, selon lui « typique de ces couches moyennes éduquées qui n'ont pas chuté dans le chômage et

1. Thierry Jonquet, *Jours tranquilles à Belleville*, Méréal, 1999. Réédité avec une postface (« Toutes les vérités ne sont pas bonnes à dire »), Seuil, 2003.

l'exclusion, mais qui vivent dans un sentiment croissant d'abandon et de décadence, dans un environnement où l'on se sent étranger et où la combinaison des effets de l'exclusion et de l'ethnicisation des rapports sociaux exacerbe la peur, le sentiment d'insécurité ».

Les victimes n'ont pas droit à la parole, ne sont pas interviewées dans les principaux journaux, exception faite de la presse d'extrême droite et de la presse populaire, régionale ou nationale *(Le Parisien)*. On ne les voit pas[1]. Et quand elles sont évoquées, on ne les entend guère : comme les journalistes occidentaux devaient passer par un interprète du Parti qui « filtrait » leurs rencontres avec les habitants des pays de l'Est, le point de vue des victimes, trop brut, est le plus souvent présenté par l'intermédiaire de l'un de ces nombreux sociologues de service qui expliquent la plupart du temps en quoi ce type de réaction est *déraisonnable*.

---

1. D'où la difficulté à admettre l'existence de victimes *totalement innocentes*, comme dans l'affaire « Papy Voise », ce vieillard d'Orléans violenté dont les images sont passées sur les chaînes de télévision avant le premier tour de la présidentielle, en 2002. Plusieurs journaux ont jugé ces images « obscènes » ou « pathétiques » ; d'autres, y cherchant une manipulation de l'extrême droite, de la mairie (de droite) d'Orléans ou de « TF-Haine », n'ont trouvé à l'origine de ces images qu'une journaliste de télévision, sommée de s'expliquer et avouant un moment de compassion : « J'ai été touchée par le vieil homme. J'ai été élevée par ma grand-mère. Peut-être, cela a joué. Son visage était défoncé. Je lui ai pris la main. »

Le peuple-victime « encaisse » au contraire avec un sang-froid étonnant. On parle de « fantasme sécuritaire » et de « panique morale » alors qu'il fait preuve d'une patience surprenante : malgré la dégradation croissante de la sécurité depuis vingt ans (les crimes et délits contre les personnes ont triplé depuis 1980 et continuent de progresser) et un manque de confiance en la justice (une majorité de Français estiment que celle-ci ne respecte pas les victimes[1]), le phénomène « Légitime défense » a quasiment disparu, et les opinions favorables au rétablissement de la peine de mort, qui ne cessent de régresser, sont devenues minoritaires.

En revanche, le point de vue des perturbateurs fait l'objet de toutes les attentions grâce à la mise en œuvre d'une « censure à peu près totale » – « censure ne signifiant pas que les faits sont toujours cachés ou niés, mais que, lorsqu'ils sont admis, c'est toujours aménagés, adaptés à des interprétations rassurantes, et finalement édulcorés au point de perdre toute signification[2] ». Dans le cas le moins favorable, le délinquant est mis au même niveau que la victime. Deux sociologues proposant ainsi de « construire une alternative à l'affrontement des coupables et des victimes », le

1. *Les Français et la justice*, ministère de la Justice, avril 2002.

2. Jaime Semprun, *L'abîme se repeuple*, Éditions de l'Encyclopédie des nuisances, 1997.

magistrat Didier Peyrat en conclut que se dévoile là le fond de la pensée d'une certaine sociologie : « Celui qui se fait voler son automobile ne subit pas une action imposée par quelqu'un à qui il n'a rien demandé. Pas du tout : il est en train de combattre son voleur[1]. » Mais le point de vue des délinquants est le plus fréquemment rationalisé : « Bien souvent, les paroles et les gestes de certains jeunes traduisent à la fois leur besoin d'affirmation et de valorisation identitaire », nous explique une pétition de sociologues[2]. Et légitimé : « Quel travail faire à partir des jets de pierre sur les bus ou les voitures de police, par exemple ? Il faut travailler avec les auteurs de ces violences sur leur rage, leur colère, d'une part, et, d'autre part, travailler dans les institutions sur les significations de ces violences. Il faut mettre la violence au centre, comme objectif de travail, et la tirer vers du sens, vers tout ce qu'elle contient de positif, revendicatif, identitaire, affirmatif... L'émeute est toujours à la fois délinquante, à la fois politique, il faut accepter cela. Ayons une lecture démocratique des violences urbaines... Une fois que l'image de la RATP est mauvaise, des gosses qui s'ennuient dans les banlieues peuvent lancer des

1. Didier Peyrat, *Éloge de la sécurité*, *op. cit.*

2. « Clarifier le débat public sur l'insécurité », *Libération*, 30 janvier 2002.

cailloux sur les bus sans raison. La RATP n'est pas respectée, car pas respectable et pas respectueuse[1]. »

Alors que l'on fait peu de cas du sort de la victime et de son contexte social détruit, ce même contexte est mobilisé en permanence pour « comprendre » le délinquant. Cette lecture qu'une grande partie de la gauche a faite sienne pose deux problèmes : elle est fausse, et elle fait l'objet d'une application à géométrie variable. Un seul type de délinquant, en effet, n'a pas le droit d'exciper de son « contexte » pour réclamer la compréhension de son crime : l'électeur lepéniste. L'habitant d'une HLM qui craque, le paysan qui ne supporte plus le saccage de ses cultures et qui s'énerve, le petit commerçant qui s'arme – tous comportements regrettables parce que délinquants, mais ni plus ni moins que bien d'autres – n'ont droit, eux, à aucune excuse.

Cette explication par le « contexte », qui méprise une première fois le peuple en ignorant son préjudice quand il est victime, le méprise une seconde fois en estimant que la délinquance serait inhérente à sa nature de peuple. Selon cette sociologie de la causalité – ce qui reste d'un marxisme oublieux de la lutte des classes –, le mal procède de la domination et de

1. Éric Massé, in *Immigration et racisme en Europe*, Complexe, 1998, cité par Maxime Tandonnet, *Le Grand Bazar ou l'Europe face à l'immigration*, L'Harmattan, 2001.

la servitude. Il n'y a plus d'acteur responsable, mais une victime habitée et actionnée par son contexte : engendré par le chômage et la pauvreté, la délinquance reçoit de cette origine sanctification morale et politique. Ce raisonnement, dicté par la mauvaise conscience vis-à-vis des conditions de vie imposées au peuple – qui suscitent peu de compassion et que l'on ne cherche pas à améliorer –, se révèle erroné. La sociologie de la connaissance, celle qui raisonne à partir de la collecte des faits et des opinions de leurs auteurs, a démontré que la thèse de la causalité sociale est contrainte d'ignorer cette donnée que l'immense majorité des gens élevés ou vivant dans des milieux criminogènes ne commettent ni crime ni délit.

Raymond Boudon, l'un des rares représentants français de cette sociologie attachée aux faits, qualifie de « métaphysique » cette nouvelle vulgate qui « croit avoir expliqué un comportement par des forces abstraites et invisibles » : « Ainsi, on se satisfait parfois, pour expliquer les comportements criminels, de constater qu'il existe une corrélation entre le fait d'avoir été élevé dans un milieu défavorisé, d'avoir appartenu à une famille dissociée, etc., et la probabilité de commettre des actes délictueux. On dira alors que tel individu a commis tel crime parce qu'il a été élevé dans un milieu criminogène. Et l'on s'imaginera avoir identifié la cause du comportement criminel. En fait, la plupart des individus élevés dans un milieu "criminogène" ne commettent aucun crime ni délit[1]. »

La variable du chômage, qui peut alimenter la délinquance, n'en est pas le facteur explicatif automatique. Ce préjugé s'est imposé contre l'évidence : tous les chômeurs ne sont pas délinquants ; des régions à chômage élevé, tel le Poitou-Charentes, connaissent moins de délinquance que des régions à chômage plus faible (Rhône-Alpes ou Ile-de-France)[2]. Et cela fait déjà trente ans que cette indépendance relative entre chômage et délinquance a été objectivement établie, de nombreux autres paramètres pouvant expliquer la montée rapide de la délinquance dans les années 60-70, période de faible chômage : passage à la société de consommation, dévalorisation du travail, et surtout accroissement de l'impunité judiciaire. Le délinquant est un utilitariste calculateur, et la baisse considérable du risque d'être pris, puis sanctionné, apparaît comme un paramètre essentiel du passage à l'acte dans les enquêtes sur la délinquance.

Cette politique de l'« excuse sociale », qui se veut compréhensive, constitue en réalité une nouvelle offense faite au peuple. En jugeant que la délinquance

---

1. Raymond Boudon, *Y a-t-il encore une sociologie ?*, Odile Jacob, 2003.

2. Lucienne Bui-Trong, *Les Racines de la violence*, Louis Audibert, 2003.

est une fatalité découlant automatiquement de la pauvreté, elle l'essentialise : un pauvre, ce n'est pas seulement laid (comme nous le montrent les Deschiens), ce n'est pas seulement abruti de télé (comme nous le dit le Syndicat de la magistrature), c'est aussi délinquant. « À force d'entendre que la violence montante serait la résultante de la pauvreté ou des inégalités, des millions de pauvres qui n'ont de leçon d'honnêteté à recevoir de personne, et qui peinent en HLM pour protéger simplement le bon fonctionnement d'un ascenseur ou le maintien en état des boîtes aux lettres, ont fini par recevoir ce discours flou comme une insulte[1]. » Cette insulte reste la ligne du Parti socialiste, dont le bureau national, après débat, s'est associé en octobre 2002 à un manifeste affirmant que Nicolas Sarkozy avait « déclaré la guerre aux pauvres » en décidant de réprimer la mendicité agressive et l'exploitation des mineurs. Cette assimilation abusive révèle la difficulté du Parti socialiste à s'émanciper d'un a priori terrible, celui niant l'existence de tous ces pauvres qui n'ont d'autre rapport avec la violence que le fait d'en être les victimes.

Il faudra comprendre pourquoi ces préjugés continuent d'imprégner le groupe dirigeant du Parti socialiste alors que celui-ci est pourtant alerté sur leur nocivité à la fois par les élus locaux du parti et par certains de ses penseurs, qui essaient de réfléchir

1. Didier Peyrat, *Éloge de la sécurité, op. cit.*

un peu depuis le 21 avril 2002. L'un d'entre eux, Alain Bergounioux, a ainsi provoqué un petit événement en publiant, dans une des revues théoriques du parti, un texte sur la « morale » du grand historien de la République Maurice Agulhon. Texte contenant des propos auxquels les militants n'étaient guère habitués jusqu'alors, sur « l'usage arbitraire de la Déclaration des droits de l'homme et du citoyen de 1789 », « couramment utilisée pour tenter de protéger les délinquants arrêtés contre les policiers à "bavures" », mais « jamais pour protéger les passants vulnérables contre leurs agresseurs ». Selon l'historien, « cet illogisme joue en faveur des délinquants et au détriment des gens ordinaires, leurs victimes ». Cette leçon de dégrisement fait un sort à « l'excuse sociale du vol », « argumentation dont l'omniprésence freine l'action de l'État, paralyse celle des éducateurs et encourage l'anarchie à s'étendre par la certitude qu'elle trouvera des complaisants ». « Les rapports entre le vol et les situations de classe sont plus complexes » : « Rarissimes sont les voleurs "Robin des bois", qui prennent aux riches pour donner aux pauvres. Rarissimes sont les voleurs "Jean Valjean", qui s'emparent d'un pain pour nourrir leur famille. Plus rares encore les voleurs qui sortent de leur ghetto prolétarien ou sous-prolétarien pour aller casser des vitrines de quartiers riches. La vérité sociale massive, c'est que le vol s'exerce sur place, que la plupart des volés sont des gens des quartiers pauvres, ou en tout cas des gens pas assez riches pour avoir pu s'offrir la sécurité de leurs biens. Car la véritable richesse a ceci d'exorbitant qu'elle permet de se procurer, en plus, les moyens de se protéger[1]. »

1. Maurice Agulhon, « La morale d'hier et son discrédit actuel », *in* « Réflexions pour l'après-21 avril », *Recherche socialiste*, décembre 2002.

V

L'IMMIGRATION CONTRE LE PEUPLE

Où l'on voit que les ratés d'une immigration mal accueillie ont été utilisés contre le peuple, qui a dû en supporter le coût principal avant d'être diabolisé pour s'en être plaint.

> *« L'argument selon lequel il ne faudrait pas dire certaines vérités, car cela "ferait le jeu" de telle ou telle force sinistre, est malhonnête, en ce sens que les gens n'y ont recours que lorsque cela leur convient personnellement. »*
>
> GEORGE ORWELL

Le 23 décembre 1980, l'Association pour le développement des foyers du bâtiment et des métaux, qui gère plusieurs foyers d'immigrés dans la région parisienne, décide le transfert de trois cents travailleurs maliens du foyer de Saint-Maur-des-Fossés, dont la municipalité de droite ne veut pas, dans un bâtiment construit sur la commune de Vitry-sur-Seine, dans le Val-de-Marne. Le maire communiste de Vitry, Paul Mercieca, fils d'immigré, qui s'y était opposé – il y a déjà un important foyer pour immigrés dans sa commune –, ordonne, plutôt que de se soumettre, la destruction du bâtiment au bulldozer. Au terme d'une campagne dénonçant la « dérive xénophobe » du Parti communiste, le maire de Vitry, qui dit avoir voulu attirer l'attention sur l'« inégale répartition des travailleurs immigrés » dans les communes de la région parisienne, doit s'incliner. La brutalité stalinienne de ses méthodes a occulté ses motivations, on ne peut plus politiques. Il ne peut résister à une singulière alliance entre l'invocation de l'antiracisme, qui fait là ses premiers pas, et un giscardisme communal qui refuse toute répartition équitable de l'accueil des immigrés, dont la charge pèse alors de plus en plus sur les municipalités communistes.

Ce pacte fondateur entre la bourgeoisie de droite, qui a encouragé l'immigration de main-d'œuvre mais ne tient pas à être importunée dans ses fiefs, et le gauchisme, pour lequel le thème de la « répartition équitable », « première forme administrative du racisme », met « en branle la logique du racisme d'État[1] », peut être considéré comme la matrice d'une mutation politique radicale dont les manifestations complémentaires furent l'effondrement du Parti communiste et son remplace-

1. Alain Badiou, *Le Monde*, 28 décembre 1980, cité par Hervé Algalarrondo, *Sécurité : la gauche contre le peuple*, Robert Laffont, 2002.

ment par le Front national comme principal représentant du peuple. Et il est aujourd'hui admis, selon un lieu commun bien ancré, que les municipalités communistes ont « créé des ghettos ».

La scène originelle de Vitry symbolise le drame social de l'immigration française de ces dernières décennies : voulue par l'élite économique, l'immigration récente a été accueillie au moindre coût et dans des conditions indécentes, cet accueil étant confié de force au peuple, qui a dû en payer doublement le prix, par la désorganisation sociale et par l'interdiction morale de la refuser. Cette condamnation du Parti communiste a invalidé sa longue tradition de défense des travailleurs immigrés au nom de l'« internationalisme prolétarien », de l'anticolonialisme et enfin des droits des travailleurs dans les entreprises. Car si le PCF, analysant la politique patronale de recours à l'immigration pour peser sur les salaires, réclamait une maîtrise ou un arrêt de l'immigration, il a toujours combattu, avec la CGT, pour l'égalité de traitement entre travailleurs français et immigrés, et n'a cessé de poursuivre un travail militant et pédagogique efficace contre le racisme et la transformation des immigrés en boucs émissaires des difficultés ouvrières.

En le démonisant et en l'accablant, les gauchistes faisaient coup double : ils se vengeaient du camouflet populaire de 68, et ils se découvraient un prolétariat de substitution, ces nouveaux « damnés de la terre » remplaçant les anciens, selon la formule très explicite de Jean-Paul Sartre : « Indigènes de tous les pays sous-développés, unissez-vous[1] ! » Le peuple et les populations d'origine immigrée seront les premières victimes de cette approche désinvolte et insouciante des conditions d'accueil de l'immigration que nos soixante-huitards partageaient avec le patronat.

Toute immigration constitue à la fois un espoir et une épreuve tant pour la population transplantée que pour celle qui l'accueille, la souffrance du déracinement se heurtant aux interrogations ou à l'inquiétude que suscitent l'étrangeté et la nouveauté. Le succès de cette délicate opération – la bonne intégration nationale – dépend à la fois des conditions matérielles d'accueil et des règles (en termes de droits et de devoirs) que doivent respecter « accueillis » et « accueillants ».

La France, grande nation d'immigration, a réussi au fil des siècles l'absorption de plusieurs régions périphériques et l'intégration de nombreuses vagues d'immigration. Elle représente même, en Europe, une particularité : la conception politique, et non ethnique, de la nation française en a fait un pays de tradition xénophile ayant assimilé, en les transformant en Français indistincts, de grosses cohortes de populations étrangères. Sans ces apports extérieurs, la population

1. Jean-Paul Sartre, préface aux *Damnés de la terre* de Frantz Fanon, Maspero, 1961.

française, selon les démographes, serait actuellement inférieure de 20 % à ce qu'elle est. Ce métissage important résulte d'une des législations les plus accueillantes pour les étrangers et d'un racisme faible, expliquant un des taux d'unions mixtes parmi les plus élevés d'Europe. Aujourd'hui, 25 % des Français ont au moins un parent ou grand-parent immigré[1], et l'emblème populaire de ce pays – le Gaulois Astérix – est l'invention de René Goscinny et Albert Uderzo, Français originaires l'un d'une famille juive polonaise, l'autre, d'une famille ouvrière piémontaise. Ce métissage doit beaucoup aux capacités intégratrices des institutions françaises : école, armée, Églises, syndicats, partis politiques. Ainsi, le Parti communiste veillait toujours aux conditions d'intégration, par exemple dans la gestion de ses sociétés de HLM ou de ses colonies de vacances. Du moins jusqu'au coup d'arrêt de Vitry, qui, par-delà la méthode utilisée, déplaisante et typiquement stalinienne du bulldozer, marque bien la mise à l'index de ce souci d'intégration populaire.

Un discours inversant l'histoire nationale s'est installé depuis plus d'un quart de siècle, qui invente une France raciste et xénophobe. Il a proliféré dans la littérature produite par la gauche soixante-huitarde. Les prémonitoires *Réflexions d'un francophobe,* de Guy Hocquenghem, annonçaient ce programme

1. Michèle Tribalat, *Cent Ans d'immigration. Étrangers d'hier, Français d'aujourd'hui*, PUF-INED, 1991.

combinant la haine de l'universalisme français et le relativisme culturel du « droit à la différence », emprunté à la Nouvelle Droite[1]. Cette thématique, officialisée sous les deux septennats de François Mitterrand, a affaibli les capacités d'aimantation de l'intégration nationale, contribuant ainsi à l'abandon en rase campagne (c'est-à-dire dans les quartiers populaires) des populations d'immigration récente.

Car si l'intégration de la dernière vague migratoire, constituée depuis quatre décennies de populations originaires des pays du Maghreb, ne peut être considérée comme une réussite, ce n'est principalement ni en raison de l'origine ethnique de ces nouveaux immigrés, comme le disent les racistes, ni en raison de leur nombre, guère plus important que celui de leurs prédécesseurs, ni du fait de l'histoire intime et douloureuse de la décolonisation qu'ils partagent avec la France, ni à cause d'un contexte économique difficile. Au contraire. Alors que l'immigration des années 20 et 30 s'est déroulée dans un contexte de crise économique sans les protections sociales d'aujourd'hui, la majeure partie de l'immigration d'origine maghrébine a eu lieu au cours de la période d'expansion économique des années 60 et 70.

Le ratage tient essentiellement au fait que les élites n'ont voulu ni payer le prix matériel nécessaire à un accueil décent de ce nouveau peuple, ni expliquer à ce

1. Sur l'histoire récente de cette curieuse idéologie, voir *Les Francophobes*, de David Martin-Castelnau, Fayard, 2002.

dernier le prix culturel qu'il devait payer pour son intégration au peuple d'accueil, lequel fut lui aussi négligé et abandonné à un face-à-face destructeur.

L'accueil sur le territoire des immigrés maghrébins appelés par le patronat a été bâclé. Maurice Allais, Prix Nobel français d'économie, spécialiste des coûts collectifs, estime que, pour bien intégrer un travailleur immigré, un pays devrait mobiliser une épargne égale à quatre fois le salaire annuel de ce travailleur, afin de financer la construction des équipements indispensables à son accueil (logements, écoles, hôpitaux, routes, administrations, infrastructures). Or, selon lui, « on n'a que trop négligé jusqu'à présent ce rapport de 4 francs investis pour 1 franc distribué. C'est là une des raisons pour lesquelles notre politique d'immigration a échoué. Une grande partie des difficultés d'intégration des populations migrantes est en effet liée à des insuffisances d'équipement, notamment en matière de logement[1]. »

De ce ratage, le peuple a dû payer le prix sans jamais avoir été consulté sur ses suites. Qui a décidé que le transfert temporaire de populations pour les besoins du patronat devenait définitif ? Qui a décidé que cela impliquait de transformer la France en « société multiculturelle » ? Qui a décidé que cela se passerait principalement dans les quartiers populaires, dont beaucoup d'habitants, sans aucune consultation, ont vu

1. *Capital*, juin 2000.

leur paysage et leur environnement totalement bouleversés ? Rappelant que « fait partie des attributions du corps politique le pouvoir sur le mouvement des personnes susceptibles de modifier sa composition », Marcel Gauchet souligne qu'a ainsi été imposée au peuple, sans le consulter, une « transformation fondamentale de la société française » qui « présente cette particularité intéressante d'avoir totalement échappé, de bout en bout, au débat et à la décision démocratiques, soit au titre de l'impuissance de l'État devant une réalité plus forte que lui en un temps où son impotence se fait par ailleurs cruellement sentir, soit au titre du choix imposé par l'oligarchie économico-politique en un temps où elle se met brusquement à apparaître comme un milieu solidaire. Fruit d'un complot ou résultat d'une incapacité, dans l'un et l'autre cadre d'interprétation, l'image qui s'impose est celle d'une dépossession[1]. »

Cette dépossession se prolonge. Malgré la prise de conscience du désastre social des banlieues, la demande d'immigration est toujours là, soutenue par la même alliance du patronat, de certains leaders de la droite et du Tout-Paris pétitionnaire. Le Medef parle aujourd'hui de « pénurie de main-d'œuvre » et réclame une « nouvelle politique d'immigration », surtout dans les secteurs du bâtiment, des travaux publics et des

1. Marcel Gauchet, « Les mauvaises surprises d'une oubliée : la lutte des classes », *Le Débat*, mai-août 1990, repris dans *La Démocratie contre elle-même*, Gallimard, 2002.

services, notamment le nettoiement, l'alimentation, l'hôtellerie, la restauration et les métiers de bouche. Parce que les patrons du BTP estiment nécessaire de renouveler leur main-d'œuvre immigrée, devenue trop âgée pour les travaux pénibles, et que les hôteliers, les restaurateurs et les employeurs saisonniers préfèrent employer des étrangers qui « en veulent » plutôt que de jeunes Français réfractaires à la discipline, aux horaires pénibles et aux bas salaires.

Ces demandes s'expriment alors que la France connaît un important chômage de longue durée, le « stock de main-d'œuvre sans emploi », comme on dit à l'ANPE, où l'un de ses responsables insiste – anonymement – sur son caractère massif : « Nous comptons quelque trois millions de chômeurs. Si l'on ajoute les personnes en formation, les femmes qui ont été incitées à ne pas travailler, les plus de 55 ans actuellement dispensés de recherche d'emploi qui vont, avec la réforme sur les retraites, devoir rentrer sur le marché du travail, ce sont près de cinq millions de personnes en réserve dont nous disposons[1]. »

Mais les patrons préfèrent de la « chair fraîche » étrangère aux chômeurs disponibles. Comme souvent, c'est Alain Minc qui a le mieux exprimé cette préférence patronale pour la main-d'œuvre étrangère, avec ce mélange de cynisme et de clarté qui convient à la

1. « Face à la pénurie de main-d'œuvre, la France a-t-elle besoin d'étrangers ? », *Le Monde*, 8 novembre 2003.

fonction centrale qu'il assume avec talent : celle de l'oracle qui se dévoue pour dire la vérité vraie du monde tel qu'il va, et traduire ses besoins profonds, auxquels il faut évidemment s'adapter. Alain Minc a défini les termes de la nouvelle « équation économique et sociale ». Selon lui, la présence de millions de chômeurs ne doit pas nous induire en erreur : nous sommes revenus à une situation de « plein-emploi pour ceux qui peuvent et qui veulent travailler ». Les autres sont « hors jeu ». Il y a « ceux qui ne veulent pas travailler : chacun sait qu'il existe des chômeurs par choix rationnel, c'est-à-dire des individus qui, compte tenu des systèmes d'aide et des effets de seuil au moment du retour sur le marché, préfèrent s'inscrire à l'ANPE, quitte à exercer une activité partielle au noir ». Et il y a « ceux qui ne peuvent pas travailler, la longue cohorte des chômeurs de longue durée dont les maigres compétences s'étiolent, des jeunes sans qualification, des exclus et désormais des enfants d'exclus, tous condamnés à devenir des laissés-pour-compte de la reprise économique[1] ».

Ces « condamnés » de père en fils, nous dit l'expert, sont perdus pour le monde du travail et peut-être pour le monde tout court : « Ainsi entrons-nous dans une économie qui fera cohabiter le plein-emploi et l'exclusion et qui nous obligera à rouvrir les vannes de l'immigration. Afin de satisfaire aux besoins de

1. « D'un contrat social à l'autre », *Le Monde*, 28 décembre 1999.

l'économie productive, la probabilité est grande qu'au lieu de nous acharner à réinsérer et à qualifier les exclus, tâche à la Sisyphe, nous préférerons accueillir de nouveaux immigrés. » Voilà donc le « nouveau modèle » : « Le plein-emploi pour 90 % de la population, la marginalisation des 10 % restants et l'arrivée contrôlée de nouveaux immigrés. »

Avec la franchise qui le caractérise, Alain Minc ne se borne jamais à exprimer le seul discours patronal, souvent limité à un pragmatisme utilitaire. Lui en tire les conclusions et dessine sans gêne aucune la société que ce pragmatisme rend nécessaire. Une société terrible pour le peuple, dont une partie, jugée « hors jeu », sans utilité, est abandonnée au chômage perpétuel et reléguée à l'assistance sociale. Elle est formée de vieux travailleurs immigrés considérés comme *usés* (400 000 étrangers sont déjà chômeurs), de jeunes présentés comme *définitivement inadaptés au travail,* parmi lesquels beaucoup de Français issus de familles immigrées, dont le taux de chômage est deux fois supérieur à la moyenne nationale[1]. Le marché du

1. Si le taux de chômage des jeunes d'origine algérienne (au moins un parent immigré d'Algérie) âgés de 18 à 24 ans est voisin de 40 %, il est encore voisin de 30 % à 35-39 ans, contre respectivement 22,4 et 6,9 % chez les hommes nés en France de deux parents nés en France. La situation est encore plus difficile pour les filles : 50 % sont au chômage de 18 à 24 ans, et 30 % le restent de 35 à 39 ans, contre respectivement 30,5 et 12,2 % chez les femmes nées en France de parents français (INSEE, *Enquête famille 1999*).

travail leur préfère de nouveaux immigrés, plus rentables et plus dociles, qui formeront à leur tour des familles livrées aux affres de la désintégration sociale.

Les avantages pour le patronat de cette terrible vis sans fin (pression sur les bas salaires, déréglementation du travail, divisions salariales) sont évidents, et, de temps en temps, reconnus par des acteurs extérieurs à la société française, qui *gaffent*, comme Kosuke Shiramizu, l'un des responsables mondiaux de la firme japonaise Toyota. Comparant, devant la presse économique, la productivité de tous les ouvriers de son entreprise, lors du Salon de l'automobile de Genève en 2003, Kosuke Shiramizu plaçait en tête les Français – son usine de Valenciennes, dans le Nord, dégageant une productivité supérieure de 20 % à celle de ses autres établissements –, avec le commentaire suivant : « En France, il y a beaucoup de chômeurs, et ceux qui ont un emploi ont tendance à travailler plus durement[1]. »

Cette préférence patronale pour la main-d'œuvre étrangère s'accompagne d'une ignorance des effets destructeurs de trois décennies d'immigration non maîtrisée sur les lieux d'habitat du peuple. Dans son célèbre essai[2], Louis Chevalier a décrit le processus anarchique de l'immigration provinciale à Paris au

1. *Financial Times*, 3 mars 2003.

2. Louis Chevalier, *Classes laborieuses et classes dangereuses*, Plon, 1958.

XIXe siècle. Un processus mêlant engorgement (l'immigration augmente de 50 % entre 1801 et 1831, et encore de 50 % entre 1831 et 1851) et déficit d'accompagnement : les infrastructures et équipements collectifs ne suivent pas, provoquant l'entassement, l'insalubrité et une promiscuité explosive. Les conséquences sont immédiates : maladies, criminalité, peurs sociales. Selon la thèse de Louis Chevalier, la mobilité géographique, pour être bien absorbée, réclame un minimum de mobilité sociale par le travail et l'école. Ce ne fut pas le cas. D'où la désintégration sociale de quartiers entiers sombrant dans la pauvreté et la peur, peuplés de bandes d'enfants lâchés par leurs parents. À cette époque comme aujourd'hui, la délinquance et la criminalité, émanant d'une minorité, affectent tout le monde, ainsi que le souligne en ces termes Louis Chevalier : « Le fait du crime par quelques-uns, la possibilité du crime pour le plus grand nombre. »

Nombre de nos banlieues connaissent un phénomène similaire, à une différence – essentielle – près : dans la plupart des quartiers du Paris du XIXe siècle, l'élite et le peuple vivaient encore côte à côte, dans les mêmes rues et parfois dans les mêmes immeubles. La société dans son ensemble subissait donc les effets de la désorganisation sociale, et la société *dans son ensemble* avait donc intérêt à réagir et souhaitait s'en délivrer. Ce qui explique, outre ses préoccupations d'ordre public, la rapidité et la radicalité du programme haussmannien. Rien de tel de nos jours, où le danger et le malheur social ne concernent plus que le peuple : l'élite, dans ses quartiers réservés, échappe à la détérioration sociale jusqu'à en ignorer l'existence.

Est-ce la raison pour laquelle la gauche, dont les dirigeants font partie de cette élite bien à l'abri, aura paradoxalement joué contre le peuple ? Les historiens devront en effet comprendre pourquoi le Parti socialiste, le plus souvent au pouvoir ces deux dernières décennies, aura choisi de détruire le système d'intégration à la française, remettant en question une tradition qui a produit l'un des peuples les plus métissés d'Europe. Sa mission était de réparer les dégâts du giscardisme et de porter secours à la fois au peuple français, en situation de chantage social (contraint de supporter seul le coût de l'immigration, sous peine de se faire accuser de racisme), et aux familles immigrées, en leur assurant des conditions matérielles décentes et un contrat d'intégration évitant un repli communautaire qui n'était pas encore amorcé. Or le mitterrandisme fit exactement le contraire.

Le symbole en restera la création de SOS-Racisme, le 3 décembre 1984, peu après les premières percées électorales du Front national, aux municipales de Dreux en 1983 et aux européennes en 1984, et à l'occasion du premier anniversaire de la grande Marche pour l'égalité qui relia Lyon à Paris en décembre 1983 : pour répondre à cette demande d'égalité, la gauche conçoit alors une machine à promouvoir de la différence et de la victimisation. « On s'attendait à trouver des racistes, on a eu du mal à en trouver », se souvient Toumi Gjaïda, figure emblématique de cette marche de revendications civiques[1]. Mais, pendant vingt ans, le Parti socialiste va installer l'illusion selon laquelle les problèmes de l'intégration se résument au racisme du peuple français, se lavant les mains des urgences politiques, financières et juridiques destinées à améliorer l'intégration.

La gauche a réduit le problème *national* de l'immigration – comment et avec quels moyens un corps social peut-il intégrer avec le moins de soubresauts possible des apports extérieurs tout en perdurant dans son identité – à un problème *moral* : respecter l'autre dans son altérité et, si son intégration se passe mal parce que rien n'a été fait pour qu'elle se passe bien, le respecter encore plus en tant que *victime.* « SOS-Racisme, avec son slogan "Touche pas à mon pote", a cantonné les enfants d'immigrés dans le registre de la victimisation, estime Hanifa Cherifi ; d'une certaine manière, ces jeunes n'étaient pas considérés comme des citoyens à part entière, puisqu'il fallait des "potes" pour les protéger. Tout cela a suscité un profond ressentiment[2]. »

Dans un contexte d'intense politique de la mémoire, cette victimisation prendra pour modèle de mobilisation

1. *Le Monde*, 3 décembre 2003.

2. Hanifa Cherifi et Roger Fauroux, *Nous sommes tous des immigrés*, Robert Laffont, 2003.

militante la persécution antisémite de Vichy, recyclée par l'un des slogans fétiches de SOS-Racisme : « Juifs = immigrés ». Parallèle illustré par l'assimilation des sans-papiers à des déportés en partance vers l'extermination, comme en février 1997 dans l'appel à manifester « avec valises et baluchons » à la gare de l'Est, « d'où sont partis tant de nos semblables ». Ou par les propos de Michel Rocard déclarant que le projet de loi Debré avait, chez lui, « réveillé l'angoisse que symbolisent les noms de Bousquet et de Papon ». Un antisémitisme historique tragique était invoqué pour combattre le racisme antimaghrébin, avec les conséquences que l'on constate aujourd'hui : la banalisation de l'antisémitisme présent et la « dénationalisation » des Juifs de France, dont Shmuel Trigano a fait l'amer constat[1].

C'est la gauche au pouvoir qui a créé de toutes pièces SOS-Racisme, prônant un néo-antiracisme fondé sur le respect et l'affirmation des *différences*[2]. L'opération fut conçue, planifiée et financée par l'Élysée, et supervisée par de proches conseillers de François Mitterrand, Jean-Louis Bianco et Jacques Attali, ce qu'a confirmé ultérieurement l'un des fondateurs de l'association, Serge Malik, dans un livre

1. Shmuel Trigano, *La Démission de la République. Juifs et musulmans en France*, Presses universitaires de France, 2003.

2. Pierre-André Taguieff dénonça rapidement, mais en vain, l'effet logique de cette inversion de l'approche raciste : la constitution d'identités communautaires de plus en plus étanches (*La Force du préjugé. Essai sur le racisme et ses doubles*, La Découverte, 1988).

qui n'a guère eu d'échos médiatiques[1], tout comme les mécomptes de SOS-Racisme ont fini par tomber dans la rubrique des « affaires »[2].

Se contentant, alternativement, pendant vingt ans, d'exhiber la panoplie multiculturelle des slogans différentialistes, d'agiter le spectre du droit de vote des étrangers (vieux hochet brandi deux septennats durant par François Mitterrand et ressorti de son carton par Lionel Jospin quelques jours avant le premier tour de la présidentielle de 2002) et de promouvoir la mobilisation contre la « haine » émanant du Front national – un FN dont elle favorisait en sous-main la médiatisation et qu'elle revigorait par des réformes électorales proportionnalistes –, la gauche au pouvoir a négligé le sort concret des Français issus de l'immigration. Puis, percevant le problème, elle a créé un Haut Conseil à l'intégration, mais elle n'aura même pas su intégrer et promouvoir en son sein des éléments de l'élite d'origine maghrébine, de compétences variées, disponible et volontaire. Ni en en plaçant parmi ses candidats aux

1. Serge Malik, *Histoire secrète de SOS-Racisme*, Albin Michel, 1990.

2. Structure très artificielle relevant plus de la propagande officielle que du militantisme, SOS-Racisme ne vivra, de François Mitterrand à Lionel Jospin, que par la grâce des fonds publics (fonds secrets du Premier ministre, budget de l'Education nationale), comme le révélera en 2002 un audit de la Cour des comptes établissant, outre les tripatouillages personnels de certains de ses dirigeants, que les subventions constituaient 88 % de son budget et que le nombre de ses adhérents réels ne dépassait pas quelques centaines de membres.

élections, ni, plus discrètement (puisque certains stratèges socialistes osent invoquer une prudence électoraliste qu'ils justifient par une supposée allergie de l'électeur français), en les nommant dans les organigrammes pléthoriques des conseillers des cabinets présidentiels ou ministériels (à l'exception notable, là encore, de Jean-Pierre Chevènement).

Il a fallu l'arrivée de la droite au pouvoir, en 2002, pour que l'on découvre deux ministres d'origine nord-africaine ainsi que des cadres dans les cabinets ou au sein de l'appareil de l'UMP. Le parcours de beaucoup d'entre eux a commencé à gauche, où ils ont vite été déçus du rôle de potiches qu'on leur faisait jouer, cantonnés à un emploi de gardiens communautaires d'une population tenue à distance, comme le montre bien l'enquête d'Olivier Masclet consacrée à Gennevilliers, dans les Hauts-de-Seine : les premiers représentants des élites de l'immigration, tout à fait aptes à devenir des cadres associatifs locaux, ont fini par jeter l'éponge les uns après les autres, épuisés par l'indifférence et le désintérêt de la gauche communiste locale[1], parfois

1. Olivier Masclet, *La Gauche et les cités, enquête sur un rendez-vous manqué*, La Dispute, 2003. Le documentaire *Rêves de France à Marseille*, de Jean-Louis Comolli et Michel Samson, raconte la mésaventure de Tahar Rahmani, seul conseiller socialiste sortant d'origine nord-africaine au conseil municipal de Marseille, que l'appareil du PS ne voulait pas reprendre sur sa liste pour les élections de 2001 et qui ne sera « sauvé » que grâce à la volonté de Philippe Sanmarco.

guère différents de ceux de nombre de municipalités de droite[1].

Le père Christian Delorme, qui, dans la région lyonnaise, fut aux côtés des jeunes immigrés depuis la Marche pour l'égalité de 1983, et continue d'y œuvrer, a dressé avec amertume le bilan de la gauche en soulignant qu'elle a souvent considéré les « jeunes issus de l'immigration davantage comme des cas sociaux que comme des citoyens[2] ». En exploitant le thème de la victimisation, mais sans apporter aucun secours, et en encourageant le relativisme culturel, la gauche a contribué à la dégradation des conditions de l'intégration. Elle s'est ainsi dérobée aux choix que requérait l'intégration et aux décisions et commentaires qu'ils appelaient. Ainsi de la question du voile. Alors que le problème était encore marginal en 1989, Lionel Jospin aura fait perdre quinze précieuses années à la société française en refusant de trancher et en s'en remettant à la tradition positiviste du Conseil d'État, toujours prêt à enluminer le droit administratif des nouveautés du moment, de l'exclusion des Juifs à la reconnaissance de la polygamie en passant par l'introduction de la publicité à l'école. Là encore, le peuple fut ignoré.

1. Le cas de Dreux a été bien analysé par Michèle Tribalat, *Dreux, voyage au cœur du malaise français*, Syros, 1999.

2. Christian Delorme, « La gauche n'a pas osé mettre en avant les enfants d'immigrés », *Le Monde*, 3 décembre 2003.

Il lui aura fallu quinze ans pour convaincre l'élite : tous les sondages, depuis 1989, établissent qu'une majorité de Français était favorable à cette interdiction du voile à l'école que Jacques Chirac a décidée en décembre 2003 au terme d'années de polémiques et d'incidents scolaires qui ont fini par convertir une majorité au sein des élites. Notamment à la suite du ralliement spectaculaire de l'ondoyant Jack Lang, qui a senti, après un parachutage électoral dans les terres populaires du Boulonnais, que le moment était venu de prôner la prohibition de cette « atteinte à l'égalité des femmes » qu'il avait favorisée en tant que ministre de l'Éducation et à propos de laquelle il minaudait encore en 1995 : « Je trouve ces foulards très seyants. Ils mettent en lumière les beaux visages de ces jeunes filles[1]. »

C'est, du propre aveu des élites, leur ignorance et leur éloignement de la société française qu'aura révélés l'affaire du voile. Beaucoup de membres de la commission Stasi sur la laïcité, nommée par Jacques Chirac en juillet 2003, étaient des experts au départ plutôt hostiles à l'idée d'une loi pour régler une question qui leur paraissait mineure. Mais, en écoutant les dépositions détaillées d'enseignants, de travailleurs sociaux, de médecins et de chefs d'établissements scolaires ou hospitaliers, ils découvrirent tout un pan de la réalité française qui leur avait échappé. Ils ont

1. *Le Monde de l'éducation*, avril 1995.

alors reconnu, non sans sincérité, qu'il semblait absolument nécessaire de *faire quelque chose.* La présence, parmi ces convertis, d'Alain Touraine, témoigne de l'état d'ignorance de cette sociologie postmarxiste qui s'intéresse surtout aux pages « opinions » des journaux. Encore en mai 2003, il signait une pétition s'opposant à une « loi d'exception » sur le foulard ; au terme des travaux de la commission Stasi, il estime qu'il est urgent de légiférer : « Historiquement parlant, le point capital était de dire non à l'islamisme. » Le pape de « l'interventionnisme sociologique », qui explique depuis trente ans ce qu'il faut faire de la société française, vient de la découvrir parce qu'il a été contraint d'écouter des acteurs sociaux : « La France est devenue un pays communautariste. » Et il fait repentance : « Il y a encore trois ans, je niais l'existence de ghettos en France. Devant la commission, un proviseur de lycée professionnel a confié que 98 % de ses élèves étaient des enfants d'origine étrangère ; un autre a raconté comment Juifs et Arabes s'affrontaient dans la cour[1]. »

Loin d'être dictée par le racisme, ainsi que le prétendaient auparavant ceux qui *ne voyaient pas,* l'allergie immédiate au voile exprimée par le peuple montre que celui-ci avait compris, quinze ans avant la plupart des

1. « Membre de la commission Stasi, Alain Touraine raconte sa conversion au principe d'une loi », *Le Monde*, 18 décembre 2003.

élites, qu'il y avait là un obstacle *culturel* au métissage ethnique qu'il a toujours pratiqué, parce que le foulard touchait au statut de la femme. Le sociologue Paul Yonnet, en dénonçant le silence de SOS-Racisme à propos de la prohibition des mariages mixtes par le traditionalisme musulman, l'avait diagnostiqué à l'époque : « À l'ombre de l'antiracisme s'avance un communautarisme racialisant dont l'une des caractéristiques est qu'il place l'intérêt holistique des religions et des cultures bien avant, notamment, le souci de libérer la femme de l'emprise de l'homme[1]. »

Voilà dix ans, Emmanuel Todd avait également clairement exposé cette difficulté particulière devant laquelle les élites au pouvoir se sont dérobées, et avait prévu les conséquences de cette défaillance[2]. Toute intégration d'une population étrangère nécessite un processus d'acculturation plus ou moins douloureux selon le degré d'éloignement culturel de celle-ci, l'un des facteurs essentiels étant le système d'appartenance familiale. Or l'immigration maghrébine met face à face deux systèmes anthropologiques différents sur la question des femmes. « Communautaire, patrilinéaire et endogame, [le système maghrébin] implique un enfer-

1. Paul Yonnet, *Voyage au centre du malaise français. L'antiracisme et le roman national*, Gallimard, 1993.

2. Emmanuel Todd, *Le Destin des immigrés. Assimilation et ségrégation dans les démocraties occidentales*, Seuil, 1994.

mement de la femme, incompatible avec les traditions françaises. » Là réside l'un des principaux obstacles à l'intégration, qui doit passer par la « destruction » progressive de ce système familial qui refuse la liberté et l'autonomie des femmes : « L'existence de règles d'endogamie familiales et religieuses dans la communauté musulmane suggère que c'est elle qui, fondamentalement, refuse l'échange matrimonial », notamment par « l'interdit de l'alliance entre une femme musulmane et un homme chrétien ou juif », notait Emmanuel Todd, lequel estimait que ce refus peut entraîner dans la société d'accueil une agressivité « que l'on doit interpréter comme hostilité à un système de mœurs et non à une race définie par des critères biologiques ». La France est au contraire l'un des pays champions des unions mixtes. En 1992, 23 % des hommes et 20 % des femmes immigrés d'Algérie, âgés de 20 à 59 ans et entrés en France avant l'âge de 16 ans, vivaient en couple avec un conjoint né en France de parents nés en France. Pour les jeunes de 20 à 29 ans nés en France de parents immigrés d'Algérie, la mixité est encore plus importante : un garçon sur deux né de parents nés en Algérie avait eu une première union avec une jeune femme d'origine française (née en France de parents nés en France)[1]. La proportion était d'une sur quatre pour les filles.

1. Michèle Tribalat, *Enquête « Mobilité géographique et insertion sociale »*, rapport final, Institut national des études démographiques, 1995.

Emmanuel Todd observe donc qu'au début le système français « désintègre » le système maghrébin, et qu'il ne faut pas se méprendre sur l'hostilité que celui-ci inspire : « Les Maghrébins, désignés comme cibles d'une hostilité collective, sont fréquemment épousés par des Françaises, et leurs filles peuvent épouser des Français. Il y a là une contradiction apparente tout à fait caractéristique de l'universalisme individualiste, hostile au groupe différent par les mœurs, mais incapable de percevoir l'individu issu de ce groupe comme réellement porteur de sa culture d'origine dès lors qu'il manifeste son désir d'entrer dans la société française. »

C'est la fonction essentielle de ce « désir » d'intégration que la politique de la gauche a contrariée en renvoyant les nouvelles générations issues de l'immigration au ghetto social et « multiculturel ». « En renonçant à présenter l'adhésion à la culture française comme l'objectif assigné aux enfants d'immigrés, les élites ont favorisé le développement, dans les milieux populaires, d'un état d'insécurité les empêchant de s'autopercevoir comme les dispensateurs généreux d'une culture ouverte à tous, mais dont la valeur intrinsèque aurait été indiscutable. Il ne faut pas aller plus loin pour trouver la raison ultime et réelle de l'émergence du Front national, dont l'électorat se recrute de préférence dans les régions de tempérament égalitaire et universaliste », écrivait donc il y a dix ans Emmanuel Todd, diagnostiquant « l'abandon du peuple égalitaire par ses élites ». L'effet sur la population accueillie fut tout aussi désastreux : « L'idéologie du droit à la différence n'a permis la préservation d'aucune culture immigrée, mais elle a largement contribué à la désorientation psychologique et sociale de la deuxième génération issue de l'immigration maghrébine. En retardant l'adhésion aux valeurs de la société française d'adolescents coupés de leurs valeurs d'origine, elle a été un facteur d'anomie. »

La question du voile et l'emprise croissante de l'intégrisme sur les jeunes issus de l'immigration maghrébine constituent les signes publics de l'inquiétante régression du processus d'intégration, ainsi que l'indique l'évolution de ses paramètres principaux. Alors qu'au début des années 80 la pratique religieuse des populations de culture musulmane commençait à se rapprocher de celle des catholiques[1], conduisant certains spécialistes à parler de leur « désislamisation[2] », c'est l'inverse qui se constate aujourd'hui. Retour en arrière qu'illustre un récent sondage auprès des « jeunes de 18 à 30 ans nés en France de parents algériens, marocains ou tunisiens »,

1. L'islamologue Bruno Étienne estimait que le taux de pratique religieuse des musulmans à Marseille ne dépassait alors pas 5 % (*Être français aujourd'hui*, 10/18, 1988).

2. Gilles Kepel, *Les Banlieues de l'islam*, Seuil, 1991.

dont le caractère alarmant des résultats, montrant un ralentissement du métissage, explique peut-être le fait que la presse n'en a pas soufflé mot. L'étude a pourtant été commandée par le Parti socialiste, qui n'en a guère commenté publiquement les résultats. Les sondeurs ont eu la bonne idée de poser, en 2003, les mêmes questions, significatives du degré d'intégration, que celles qui avaient été posées en 1993. Les résultats montrent une nette dégradation depuis dix ans[1]. Alors que, en 1993, 71 % des jeunes Français de parents maghrébins se sentaient « plus proches du mode de vie et de culture des Français », ils ne sont plus que 45 % en 2003, tandis que 39 % se déclarent en 2003 « plus proches du mode de vie et de culture de [leur] famille », contre seulement 20 % il y a dix ans. Un autre paramètre, l'indicateur (essentiel) de la mixité, paraît encore plus explicite : il y a dix ans, 71 % des sondés des deux sexes déclaraient avoir « eu des relations amoureuses avec des Français(es) d'origine non maghrébine » ; ils ne sont plus que 59 % aujourd'hui. Surtout, la répartition par sexe révèle que si 78 % des hommes déclarent en 2003 avoir eu des relations amoureuses avec des Françaises d'origine non maghrébine (soit une progression par rapport à la moyenne de 1993), à l'inverse, 60 % des femmes disent n'avoir jamais eu de relations amoureuses avec

1. Sondage sofres, *in* « La Marche de l'égalité : vingt ans après, qu'est-ce qui a changé ? », *L'Hebdo des socialistes*, 6 décembre 2003.

des Français d'origine non maghrébine. Ces chiffres témoignent du renversement de tendance intervenu ces dernières années et d'un renfermement endogamique des jeunes femmes issues de l'immigration nord-africaine. « Les musulmans traditionalistes sont plus astucieux qu'il n'y paraît lorsqu'ils insistent pour distinguer leurs filles avec un voile qui signale qu'elles ne sont pas sexuellement disponibles pour les non-musulmans », relève Francis Fukuyama, qui ajoute que « la rapidité avec laquelle un groupe de la deuxième ou troisième génération s'intègre dépend en partie du taux de mariage hors communauté, qui est lui-même une conséquence du degré de contrôle par les familles d'immigrés de la sexualité de leurs filles[1] ». Obstacle au métissage, l'idéologie différentialiste favorise la croyance en la nécessité d'une perpétuation de l'intégralité de la culture immigrée, y compris dans ses aspects sexistes, provoquant chez les garçons, « élevés par des parents qui véhiculent une norme patrilinéaire et leur disent qu'ils sont tout[2] », des effets préoccupants sur leur rapport au sexe féminin, qu'illustrent certains faits-divers dramatiques.

La contradiction croissante entre ces conséquences désastreuses, constatées sur les rapports entre les

1. Francis Fukuyama, « Voile et contrôle sexuel », *Le Monde*, 4 février 2004.

2. Emmanuel Todd, *Le Destin des immigrés*, *op. cit.*

sexes, et l'engagement féministe de gauche a incité certains représentants de ce courant à revenir sur le catéchisme différentialiste qu'ils avaient curieusement emprunté au préjugé maurrassien opposant au principe d'égalité de la République universelle la différence culturelle des origines, censée rendre inassimilables les populations étrangères. Une évolution que traduit bien l'appel solennel de Jean Daniel, un an après le 21 avril 2002 : « De même que le sentiment national s'est senti en déclin, de même ceux qui ont voulu devenir Français n'ont pas subi la contagion de l'appartenance et du patriotisme.[1] [...]. L'anticolonialisme nous a conduits au culte de la différence tolérée. Le civisme républicain doit exiger la recherche de la ressemblance. C'est ce qu'on aurait dû apprendre aux enfants si on avait compris que le droit du sol sans l'intégration dans les traditions du pays d'accueil, c'est la résignation à une société multicommunautaire dont chaque composante cherche à faire prévaloir ce qu'elle appelle "ses" droits[2]. »

Il y a, dans une partie de l'élite de gauche, une ambivalence à propos de l'intégration, qu'exprime ainsi Malek Boutih : « Intégrés, nous ne les intéressons plus. Parce que intégrés veut dire intégrés au peuple français. C'est-à-dire qui boit du rouge, joue

1. Jean Daniel, *Le Nouvel Observateur*, 9 mai 2002.
2. *Id.*, *Le Nouvel Observateur*, 24 avril 2003.

au PMU, critique ses dirigeants. Les beurs deviennent alors des beaufs comme les autres... » En réalité, la logique de l'apartheid et de la guerre des communautés recèle un avantage pour certaines élites : tout cela se passe « en bas » et ne les atteint pas beaucoup. Quant aux bénéfices secondaires des ratés de l'intégration, ils ne sont pas négligeables : on peut se donner le beau rôle en condamnant le peuple lepénisé, qui n'accepte pas cette situation, et également préserver son milieu de la concurrence des enfants de l'immigration. « Tout en faisant mine de repeindre les cages d'escalier, on encourage à casser l'ascenseur social. Entre le *tag* et le *rap* promus au rang des beaux-arts et encensés par un formidable ministre "de gauche", et le sport, seul débouché vanté par le marché, l'avenir des enfants de l'immigration est balisé. Tracé. Ce sera Anelka ou Jamel, sinon rien – c'est-à-dire la déréliction ou la prison », note justement David Martin-Castelnau, rappelant que « dans la médecine, les sciences et les affaires, les enfants d'Arméniens et de Vietnamiens s'étaient déjà montrés de redoutables concurrents ; la réussite des descendants de Camerounais ou de Kabyles, présents en masse, pourrait bouleverser les visages des beaux quartiers[1] ».

Car les pétitionnaires en faveur de la régularisation des sans-papiers et de l'abolition des frontières adoptent souvent un comportement à géométrie

1. David Martin-Castelnau, *Les Francophobes*, *op. cit.*

variable : ils demandent que les quartiers populaires, où ils ne vont jamais, accueillent encore plus d'immigrés, mais ne supportent pas ces derniers quand par malheur – ce qui est rare – ils sont obligés de les côtoyer. Et, lorsque c'est le cas, par exemple sur le front de la reconquête de Paris, quartier par quartier, par les « bobos », c'est la crise, comme le montre le comportement des occupants d'une soixantaine de lofts aménagés en 2001 dans une ancienne usine au cœur de Belleville[1]. Un nid de journalistes, d'architectes, de réalisateurs, d'universitaires qui se sont vite organisés, notamment en installant un portail électronique, pour se protéger du « contexte » environnant : une cité peuplée d'immigrés maghrébins et africains. « On est atypiques et tolérants, mais il y a des limites ! » précise un des lofteurs devant la menace d'implantation d'un foyer pour jeunes en rupture familiale. Et pas question de mélanger ses enfants à ceux de la cité dans l'école primaire du coin, à laquelle on échappe grâce à de précieuses dérogations, pour une autre école publique voisine ou par une inscription dans le privé, à Sainte-Louise. « Cela m'a traumatisée d'inscrire ma fille à l'école privée », se lamente une lofteuse qui retrouve subitement le sens de l'égalité : mais elle ne veut « pas payer les pots cassés »...

1. Emmanuelle Walter, « Boboland et cité : chacun chez soi », *Paris-Obs*, 16 octobre 2003.

Qu'il relève de la naïveté, du machiavélisme ou de l'ignorance, ce démontage de l'intégration à la française a entraîné des dégâts considérables. Il a désorienté le peuple français en le divisant, en en livrant une partie à la démagogie lepéniste et une autre à la démagogie islamiste, laquelle progresse dans ces vastes territoires abandonnés à la pauvreté, au communautarisme, à la violence et à la débrouille. La concentration en ghettos condamne à la différence : en 1990, 45 % des jeunes de moins de 25 ans résidant dans la Seine-Saint-Denis étaient d'origine étrangère. La presse n'évoque guère ces zones délaissées, parce que les journalistes les fréquentent encore moins que la police. Et sa seule attention à leur égard, c'est l'aumône de l'« excuse » communautaire pour sous-estimer la délinquance qui résulte de cet abandon. Les principaux concernés ont fini par ne plus supporter cette langue de bois. Le père Christian Delorme parle aujourd'hui de la « surdélinquance des jeunes issus de l'immigration, qui a longtemps été niée » parce que « les politiques ne savent pas comment en parler ». Malek Boutih, l'un des derniers présidents de SOS-Racisme, clame que, dans l'intérêt des populations d'origine immigrée, pacifiques dans leur immense majorité, il faut être intraitable avec ceux qu'il qualifie de « voyous », de « gangsters » et de « fascistes ». Ces exhortations ne sont pas sans effet. Le médiateur du *Monde*, Robert Solé, a fait grand bruit dans les couloirs du « quotidien de référence » en écrivant il y a quelques mois dans sa chronique : « C'est vrai que *Le Monde* a longtemps eu tendance à minimiser des faits-divers dérangeants. Rien n'excuse ce manquement à l'information, même s'il était animé des meilleurs sentiments, à savoir la crainte de nourrir le racisme. »

Si des comportements racistes peuvent expliquer une partie des problèmes d'embauche que rencontrent beaucoup de jeunes d'origine immigrée, ils n'en constituent pas l'explication principale : 55 % des jeunes de 18 à 30 ans nés en France de parents maghrébins disaient en 2003 n'avoir jamais été victimes de racisme dans la recherche d'un travail. De nombreuses enquêtes indiquent que si certains employeurs nourrissent un préjugé défavorable à leur embauche, cette image négative « résulte d'expériences pénibles et brèves avec de jeunes embauchés qui ne tenaient pas leur place, incapables de respecter les horaires et allergiques à la discipline, explique Michèle Tribalat. Deux ou trois tentatives de ce genre sont dissuasives pour un chef d'entreprise qui trouve plus facile et moins risqué d'aller chercher son personnel à l'étranger. Le refus d'embauche ne s'explique pas tant par une discrimination "raciale" directe – puisque les patrons veulent aujourd'hui des immigrés "frais" – que par des problèmes d'inadaptation sociale[1]. » Ce

1. Michèle Tribalat, *L'Express*, 23 novembre 2000.

que confirme Michel Pialoux au terme de sa longue enquête menée à Peugeot-Montbéliard en observant que si « les garçons posent des tas de problèmes », « les patrons ont découvert avec émerveillement que les filles faisaient des ouvrières formidables », parce qu'elles cherchent, par cette intégration professionnelle et même syndicale, à gagner une autonomie individuelle que supportent mal les garçons, qui « leur font constamment la morale » et les traitent de « fayoteuses[1] ».

1. Michel Pialoux et Florence Weber, « La gauche et les classes populaires », *op. cit.*

C'EST LA LUTTE FINALE

VI

CULTURES À VOLONTÉ

Où l'on voit que la gauche, délaissant la culture populaire au profit de la culture de masse, a préféré favoriser l'État culturel au service de l'élite.

> *« C'est d'un nivellement répressif qu'il s'agit, même s'il a été imposé par l'hédonisme et la* joie de vivre. »
>
> PIER PAOLO PASOLINI

Dans une récente enquête, le critique de cinéma Olivier Séguret situe « au début des années 80 le début d'une tendance médiatique à survaloriser les enfants de stars », et la mise en place d'un « envahissant système » selon lequel « le calcul d'un producteur, d'un scénariste, d'un cinéaste, se fait sur le patronyme plutôt que sur le talent ».

Le cinéma français est encombré de dizaines de fils et de filles d'acteurs, de réalisateurs et de producteurs, gratifiés d'« émoluments supérieurs à leur rang » et donnant le « sentiment détestable d'un cercle fermé où l'on reste entre soi et que des éléments exogènes auront de plus en plus de difficultés à pénétrer ». Car ces novices héritiers, souvent médiocres, court-circuitent la promotion méritocratique, et nombreuses sont les victimes « qui, mécaniquement, sont lésées par ce système » : « La multiplication des enfants de stars est d'ailleurs l'un des sujets de rogne et d'inquiétude le plus fréquemment débattus dans les écoles d'art dramatique. Là comme ailleurs, c'est l'ampleur du mouvement qui pose problème ; c'est le nombre, la masse qui inquiètent. Ce sont la systématisation, la généralisation de ce principe de transmission qui le rendent progressivement insupportable [...]. Notre cinéma français court ainsi, d'une manière ou d'une autre, à sa ruine consanguine, à la manière d'une aristocratie d'Ancien Régime[1]. »

Alain Delon y voit l'une des raisons de la « mort » du cinéma auquel il appartenait : « À l'époque, les acteurs venaient d'ailleurs, et le cinéma les accueillait tels quel : Gabin venait du music-hall, Lino Ventura venait du catch, Burt Lancaster venait du cirque, Alan Ladd était électricien. Oui, on venait d'ailleurs avec une fièvre, une énergie dont la singularité n'avait pas

1. Olivier Séguret, « Gènes de stars », *Libération*, 7 mai 2003.

eu le temps d'être formatée par les cours de comédie. Aujourd'hui, c'est l'inverse. Le cinéma ne recrute que des comédiens sans cicatrice sociale ou humaine[1]. »

Un très réactionnaire principe est donc de retour chez les élites : l'hérédité. Y compris dans les milieux où le succès reposait jusqu'ici sur le talent personnel. Cette aristocratie héréditaire prolifère dans le cinéma et à la télévision, mais non dans le théâtre (art qui nécessite un minimum de compétences individuelles apprises), tout comme elle se développe dans l'univers de la chansonnette, mais non dans celui, moins accessible à la simple recommandation, de la virtuosité classique. Elle prolifère aussi dans le monde de la presse (où les fils et filles de journalistes et de directeurs de la rédaction pullulent, parfois dans le même titre que leurs parents), mais moins dans celui de la politique, soumis à la sanction démocratique.

Si ce système de recommandation héréditaire, qui prend la place du talent et du travail, et qui limite la promotion sociale, a pu se déployer aussi rapidement et aussi confortablement dans l'audiovisuel, c'est parce que ce dernier est, avec l'art contemporain, l'un des secteurs culturels les plus verrouillés par une

1. *La Règle du jeu*, octobre 2003. Ce qui n'a pas empêché le même Alain Delon de céder au même penchant en faisant de sa fille la vedette du téléfilm de France 2 adapté du roman de Joseph Kessel, *Le Lion*.

nomenklatura toute-puissante qui, à force de se reproduire de manière incestueuse, ne fonctionne et ne produit plus que pour ses *semblables :* absent de ses rouages, évincé de son système de sélection, le peuple s'est progressivement retiré de ses préoccupations et de ses créations.

La disparition d'une vieille expression de la gauche – « culture populaire » – et son remplacement par « culture de masse » traduit bien cette évolution. Elle marque le renoncement à l'utopie démocratique d'un univers culturel commun, conçu comme à la portée de tout le monde. De Victor Hugo à André Malraux en passant par le Front populaire, les défenseurs de la culture populaire avaient en tête un idéal de partage : l'accession du plus grand nombre aux plaisirs, aux savoirs, aux arts. Ou « transformer en un bien commun un privilège », selon la formule d'Émile Biasini, directeur de l'action culturelle dans le ministère d'André Malraux, sous le général de Gaulle, reprenant l'expression de Jean Vilar (« une culture élitaire pour tous »), lequel fut, avec son Théâtre national populaire[1], l'une des incarnations de ce mili-

1. Formule de Firmin Gémier, qui créa le Théâtre ambulant et le Théâtre national populaire pour « ouvrir à la foule le théâtre » (Philippe Van Tieghem, *Les Grands Comédiens*, Presses universitaires de France, 1960).

tantisme au service d'une culture considérée comme universelle et transmissible[1].

Aux cris de « Vilar-Béjart-Salazar ! », cette culture populaire a reçu un coup fatal lors du festival d'Avignon de 1968, investi par « l'esprit de Mai » venu précisément contester comme bourgeoise « la fonction de transmission de valeurs universelles et émancipatrices de la culture[2] ».

Longtemps persuadée que la culture pouvait être « populaire », la gauche avait estimé que son objectif de redistribution sociale devait s'appliquer aussi, dans ce domaine, au profit de ceux auxquels la naissance n'avait pas offert l'héritage culturel dont bénéficie l'élite. D'où la décision de créer des lieux et des institutions subventionnés par l'argent public pour favoriser sa diffusion, son accès et son partage : maisons de la culture, ciné-clubs, universités populaires, etc. À ses débuts, dans les années 60-70, la télévision publique avait été conçue dans ce souci, qui fut illustré au fil des années par le travail d'adaptation d'hommes (pour la plupart de gauche) comme Claude Santelli, Stellio Lorenzi, Jean-Pierre Decourt,

1. Il est cruellement significatif que, début 2004, le Chaillot cher à Jean Vilar ait accueilli les Deschiens, « toujours drôles, toujours autant dépassés par le monde qui les entoure », ainsi que nous les présente la presse...

2. Bernard Brillant, *Les Clercs de 68*, Presses universitaires de France, 2003.

Serge Moati, etc., qui vulgarisèrent avec talent de grandes œuvres interprétées par des acteurs souvent sociétaires de la Comédie-Française.

Cet apostolat culturel, déclassé dans la catégorie « naïvetés scoutes » et « collaboration de classes » au lendemain de 68, aura connu son coup de grâce dans les années 80 avec l'installation conjointe par la gauche du *berlusconisme* pour le peuple et du *languisme* pour l'élite. Cet abandon de l'exigence inhérente à la « culture populaire » aura été maquillé avec panache et paillettes, grâce à une habileté démagogique consistant à baptiser « culture » non plus ce qu'il faut atteindre, mais *ce qui est.* « Tout est culture ! » est le slogan premier du languisme[1]. Dans cette novlangue de la gauche moderne, toute forme d'expression, tout comportement sociologique est désormais culture : le peuple, les lycéens, les immigrés, les notaires, les motards, les homosexuels avaient déjà une culture, mais ne le savaient pas ! Qu'ils la gardent ! Qu'ils en soient fiers ! Selon les présupposés de la culture de masse, *la* culture n'est qu'*une* culture parmi bien d'autres : que le peuple en reste là où il est, et, pour qu'il consomme tranquillement, donnons-lui le sentiment d'être reconnu en

1. François Mitterrand validera la célèbre formule dans sa *Lettre à tous les Français,* lors de la campagne électorale pour la présidentielle de 1988 : « Tout est culture en fin de compte, Jack Lang avait raison. »

démocratisant non pas les arts, mais la célébrité, qui doit récompenser ce qui est déjà là, ce qui est différent, ce qui est identitaire.

À cette culture populaire qui regardait vers le haut et que l'élite cherchait avec difficulté, mais parfois avec de grands succès, à partager avec le peuple, s'est substituée en quelques décennies une culture de masse qui correspond bien à celle imaginée par George Orwell dans *1984 :* « Il existait toute une suite de départements spéciaux qui s'occupaient, pour les prolétaires, de littérature, de musique, de théâtre et, en général, de délassement. Là, on produisait des journaux stupides qui ne traitaient presque entièrement que de sport, de crime et d'astrologie, de petits romans à cinq francs, des films juteux de sexualité, des chansons sentimentales composées par des moyens entièrement mécaniques. »

L'économie télévisuelle s'aligne de plus en plus sur ce mode de production d'émissions et de plateaux télé conçus, à l'aide d'instituts de sondages, selon de savantes techniques de ciblage et de racolage. Les questions de certains jeux télévisés sont ainsi choisies (dans le répertoire présent et passé du petit écran) pour que des candidats issus du peuple obtiennent de meilleurs résultats que les diplômés de l'université[1] en étant récompensés de leur assiduité télévisuelle. Le

1. *Libération*, 15 août 2003.

tout fabriqué à la chaîne par des « boîtes de production » dirigées par de jeunes cyniques qui faisaient rougir Guy Lux à la fin de sa vie : « Quand je vois ce qu'on accepte aujourd'hui à la télévision, j'ai plutôt l'impression d'avoir été un esthète[1]. »

Les gauchistes des années 70, pour la plupart des enfants de bourgeois, mais qui essayaient encore de s'adresser au peuple, pensaient déjà qu'il fallait parler « petit peuple » pour communiquer avec à ces populations exotiques. *Barricades*, le « mensuel jeune pour la révolution » créé alors par la Ligue communiste, avait par conséquent délibérément choisi de rompre dans ses colonnes avec le français châtié que l'on trouvait en revanche dans *Rouge,* l'organe des militants, comme le relèvent Philippe Cohen et Pierre Péan : « Le choix des mots (pisser, chier) et le style parlé correspondent à une représentation stéréotypée de la façon dont on peut – dont on doit – s'adresser aux jeunes des couches populaires. Supposés aliénés, peu instruits, les jeunes ouvriers sont censés ne pouvoir lire et apprécier qu'une langue appauvrie, grossière, entrecoupée d'injures.

1. Guy Lux avait au moins l'humilité de ne pas invoquer d'alibi culturel mais de se considérer comme un simple amuseur public. Ce qui n'empêche pas *Libération*, à l'heure de « Loft Story », de « C'est mon choix » ou de « Scrupules », de continuer à voir en lui « tout simplement le pire de la télévision » (14 juin 2003).

Cette pédagogie du pauvre (cette pauvre pédagogie) est donc censée assurer le succès du journal[1]. »

Cette « pédagogie du pauvre » a envahi le champ de la consommation culturelle. L'important est non plus le talent, l'acquisition, la découverte, mais l'expression et la reconnaissance de *ce qui est*. Ou de ce qui est censé être. L'innovation qu'a représentée le phénomène Renaud en fut, dans le domaine de la chanson, une parfaite illustration : désormais, le fait de chanter faux et de ne pas maîtriser l'harmonie ne disqualifie plus. Les chanteurs issus du peuple et appréciés par le peuple n'essaient pas, en règle générale, de *faire peuple :* hier, Maurice Chevalier, Yves Montand, Édith Piaf, Francis Lemarque ; plus près de nous, Georges Brassens, Adamo, Daniel Guichard. Ils sont du peuple, n'ont pas besoin d'en rajouter ni de faire semblant. Avec diversité, ils en incarnent l'idéal essentiel : l'amour du travail bien fait. La gouaille n'exclut pas de chanter juste. Fils d'un enseignant également romancier de talent (lauréat du Prix des Deux-Magots, 1942), et petit-fils d'un grand hélléniste, professeur à la Sorbonne[2], Renaud s'est ingénié à reconstruire sous l'ère mitterrandienne cette représentation du « popu-

1. Philippe Cohen et Pierre Péan, *La Face cachée du Monde*, Mille et Une Nuits, 2003.

2. Jean-Louis Crimon, *Renaud*, Librio, 2004.

laire » – esthétique « crade », violence verbale, absence de virtuosité – qui plaisait tant aux bourgeois qui venaient s'encanailler du côté des barrières du vieux Paris, celle d'un peuple en costume de « lumpen », miséreux, délinquant, haineux par nature. Imagerie plongeant dans une tradition naturaliste qu'ont toujours dénoncée les organisations ouvrières, parce qu'elle exclut le peuple réel pour lui en substituer un autre, à la fois repoussant et porteur d'une impuissance absolue. Tradition remontant à l'époque où les premiers syndicats, anarcho-syndicalistes, menaient une lutte quotidienne pour que les salaires de misère ne fondent pas en quelques heures chez les bistrotiers qui attendaient la paie des ouvriers. Lors de la présentation dans le Nord du film *Germinal,* dans lequel Claude Berri lui avait offert de jouer son propre faux rôle, Renaud chanta en public, avec l'accent ch'timi, *Le P'tit Quinquin.* Mais beaucoup moins bien que Pierre Mauroy...

Cette « démocratisation » qui passe par une expression brute faisant l'économie de l'apprentissage et de la maîtrise technique d'une discipline artistique a permis la promotion du rap. Elle a besoin de nouveau tartufes pour rappeler régulièrement que ce qu'il faut bien nommer un apartheid culturel relève en fait du summum de la culture. Voilà pourquoi tant d'animateurs et de journalistes encensent des « musiques » qu'ils *n'écoutent jamais chez eux,* et pourquoi un Jack Lang élève au rang d'« art » les tags qui polluent l'univers quotidien de tant de banlieusards, mais que l'on ne tolère pas place des Vosges. Le Conseil d'État vient de parachever la tâche en dotant l'émission de M6, « Popstars », qui fabrique de vraies-fausses célébrités en quelques jours, du statut d'« œuvre » parce qu'elle « comporte des éléments de scénario, une mise en scène et un montage[1] ». C'est que l'enjeu n'est pas seulement culturel : cette distinction artistique permet à la chaîne d'inclure « Popstars » dans le quota d'émissions de qualité qu'elle est tenue de diffuser, et surtout d'avoir accès à toute une série de facilités financières publiques officiellement destinées à soutenir la culture.

Cet abandon de la démocratisation de la culture au profit d'une culture de masse produite industriellement et régulée par le marché semble une affaire entendue, évidente, dont il n'est plus question de débattre. Ceux qui

1. Conseil d'État. Décision n° 241520 (Société des auteurs et compositeurs dramatiques et autres), 30 juillet 2003. Le Conseil d'État considère que « cette émission, qui a pour principal objet de présenter au public l'entraînement, la formation et la progression, dans le domaine de la chanson, des personnes sélectionnées, et de décrire un début de carrière effective au sein des métiers du spectacle, comporte des éléments de scénario, une mise en scène et un montage ». Où l'on voit la progression de la démagogie culturaliste : jamais les démagogues d'antan qui animaient les « radio-crochets » n'auraient prétendu créer des « œuvres » !

ont le mauvais goût de ne pas s'y résoudre et de revenir à la charge ne suscitent que silence ou ricanements[1]. Ou condamnation politique solennelle, comme l'a illustré, sur le modèle bien connu du *traître qui dénonce,* la tentative de Daniel Lindenberg de faire passer pour « nouveaux réactionnaires » ceux qui s'inquiètent de l'oubli des exigences de la culture populaire au profit du marché de la culture de masse[2]. Une normalisation qu'avait annoncée l'Américain Christopher Lasch : « La confusion entre la démocratie et la libre circulation des biens de consommation est devenue si profonde que les critiques formulées contre cette industrialisation de la culture sont désormais automatiquement rejetées comme critiques de la démocratie elle-même[3]. »

La célébration récurrente, dans les années 80 et 90, de l'« explosion de la fréquentation culturelle », notamment par la médiatisation des grandes exposi-

1. Sort réservé à Catherine Clément et à son rapport sur la télévision publique, rédigé en 2002 à la demande du ministre de la Culture. Elle y dénonçait l'évolution du service public qu'est France Télévision, relevant notamment la désinvolture de ses dirigeants, qui se moquent du peuple en choisissant « la nuit et l'été » pour fourguer les quotas d'émissions culturelles que lui impose son statut (*La Nuit et l'été, rapport sur l'analyse, l'évaluation et les propositions concernant l'offre culturelle à France Télévision*, décembre 2002).

2. Daniel Lindenberg, *Le Rappel à l'ordre. Enquête sur les nouveaux réactionnaires*, Seuil, 2002.

3. Christopher Lasch, *Culture de masse ou culture populaire ?*, Climats, 2001.

tions de peinture dans quelques musées parisiens, a masqué les inégalités qu'elle recouvrait. Une « explosion culturelle » a bien eu lieu, mais elle est restée confinée au sein d'un même public, comme le résumait Henri Mendras : « Ce sont toujours les membres des catégories supérieures, jeunes et fortement diplômées, qui fréquentent les musées. Certes, le nombre d'entrées a augmenté, mais ce sont toujours les mêmes qui vont de plus en plus dans les musées[1]. » Pour expliquer la défection de cette large partie du peuple qui reste étrangère à la culture dont il a la charge, le ministère du même nom a inventé le concept d'« exclus culturels », et son service des études estime que ceux-ci représentent aujourd'hui 40 % de la population.

Ces inégalités que des années de « languisme » n'ont pas réduites sont paradoxalement entretenues par une partition nouvelle qui inverse les principes du financement public instaurés au temps de la culture populaire : pour le peuple, une télévision essentiellement *privée,* et pour l'élite, des équipements culturels *publics.*

Une immense bureaucratie et un vaste tiers état de professionnels ont ainsi proliféré au service d'une culture nationalisée au profit d'une minorité de

1. Henri Mendras, « Les écarts entre catégories socioprofessionnelles ont plutôt tendance à s'accentuer », *in* « Chronique des tendances de la société française », *Revue de l'Observatoire français des conjonctures économiques,* janvier 1997.

consommateurs. L'art contemporain constitue la caricature de ce détournement social du financement public de la culture. Tout un univers d'institutions (Délégation aux arts plastiques, Association française d'action artistique, FRAC, DRAC...), de fonctionnaires, de galeries, de critiques, s'active à produire un art officiel sans public. Ce nouvel académisme vit principalement des achats de l'État ou des diverses institutions publiques, obligées de verser leur quote-part (notamment sous la forme du 1 % culturel). Ce qui explique que tous les aménagements urbains récents se trouvent affublés d'« œuvres » que les maires ont rarement choisies, que la population ignore, et qui, le plus souvent, servent vite de supports à l'une des cultures reconnues au peuple : les tags. Si la valeur financière de ces acquisitions est mesurable, leur valeur patrimoniale paraît moins évidente à en juger par l'entretien négligé de ces œuvres publiques, vite abandonnées, ou, récemment, par l'absence d'informations – et d'émotion notable dans le monde de la culture – après la destruction complète des réserves d'un Fonds régional d'art plastique, par suite d'un incendie...

Contrairement à bien d'autres secteurs économiques, cette « nationalisation » de l'art contemporain n'a pas connu le reflux propre à la déréglementation libérale. Largement préservé du marché, l'artiste nouveau a appris, pour être distingué, à développer des formes de talent (entretien de réseaux, campagnes de presse, amitiés officielles) qui renouvellent la notion d'avant-gardisme et le dispensent largement d'avoir un public. Ce système para-étatique, dénoncé par des artistes contemporains disposant de réelles clientèles privées, tels Cueco ou Pignon-Ernest, ne supporte aucune critique : contester son fonctionnement, son hermétisme ou ses choix, comme l'ont fait certains, c'est toucher au nerf de la guerre. Fonctionnant selon le conformisme de la transgression, de la rébellion et du scandale, ce milieu traduit toute contestation en procès politique.

Ces artistes qui ne recherchent plus le « grand public » – parce qu'ils se sont émancipés de l'impératif ringard de la culture populaire – et qui n'ont plus besoin de le rechercher – parce qu'ils sont largement subventionnés – ne supportent pas que les représentants du peuple que sont les élus leur demandent d'*arrêter les frais,* ou qu'ils expriment quelques remarques sur leur travail. « La scène à la merci des élus locaux », titre ainsi *Libération* pour évoquer le préoccupant problème de ces élus qui « veulent faire plaisir à leurs électeurs » et qui bousculent les « créatifs », l'un en voulant récupérer une salle que la municipalité leur a concédée pendant dix ans, l'autre, nouveau maire socialiste, en prétendant « réorienter la politique culturelle de la ville » et en annonçant au directeur d'une troupe le non-renouvellement de la convention qui la subventionnait à 49 %. Et les professionnels de la culture en lutte contre ces élus de se plaindre que l'État leur « laisse la culture, sans arbitrage » : « Nous pouvions auparavant déployer le parapluie jacobin, mais les collectivités territoriales ont de plus en plus de pouvoirs[1]. » Mais ils ont réussi à mettre partiellement la gestion de l'art contemporain à l'abri du mouvement de décentralisation, laissant en ce domaine les élus sous la tutelle des experts parisiens. Ainsi le jacobinisme, si souvent décrié, recouvre-t-il soudain une grande vertu quand il permet à certains avantages de perdurer…

Ces artistes de cour ne supportent plus le peuple et invoquent l'arme suprême – « populisme ! » – pour dénier le droit à ses représentants élus de vérifier de quelle manière ils utilisent l'argent public, comme le dit sans détour le coordinateur du groupe « Culture » d'Attac : « Je pense que la politique gouvernementale en faveur d'une décentralisation culturelle risque fort d'assujettir la création artistique aux considérations électorales, et donc à une certaine forme de populisme[2]. » Cette allergie se comprend plus aisément si l'on observe le fonctionnement des secteurs culturels qui ont réussi à se préserver de la transparence démocratique, telle l'industrie audiovisuelle et son armée d'intermittents.

1. *Libération*, 12 décembre 2002.

2. Marc Le Glatin, *Beaux-Arts Magazine*, septembre 2003.

S'il y a un domaine sur lequel les élus ont perdu tout droit de regard, c'est bien celui du cinéma français, petit milieu au recrutement de plus en plus incestueux, de moins en moins créatif, de plus en plus dépendant du financement public à mesure qu'il perd son public. Situation qui bénéficie de la complicité des médias, ce qu'a illustré à la perfection le silence général qui a accueilli la publication de l'enquête de Jean Cluzel, dont la force tient à la publication des principaux chiffres du cinéma hexagonal, information largement méconnue. Ce spécialiste de la télévision affirme d'ailleurs avoir eu beaucoup de mal à les obtenir, le monde du cinéma étant plus dissimulateur que celui de la télévision, lequel ne manque pourtant pas de compétences en la matière : « Les intrigues sont plus raffinées, les manœuvres, plus subtiles, les supercheries, moins facilement décelables, les lobbies, encore plus efficaces, et l'opinion publique, plus adroitement manipulée au détriment d'une industrie et d'un art beaucoup plus fragiles[1]. »

Les chiffres que Jean Cluzel a collationnés montrent que le système français consiste à « produire avec obstination des films qu'obstinément le public refuse d'aller voir » : « En l'an 2000, sur 208 films français sortis cette année-là, plus d'une centaine n'a totalisé que 1,9 % d'entrées. » Évidemment, l'importance d'une œuvre ne saurait se mesurer à son succès public. Mais

1. Jean Cluzel, *Propos impertinents sur le cinéma français*, Presses universitaires de France, 2003.

ce n'est même pas d'élitisme que souffre le cinéma français. Lorsque l'on constate que 10 % des films tournés et aidés vont jusqu'à la « sortie technique » pour obtenir le statut d'œuvre cinématographique et les avantages afférents, mais ne sont pas présentés en salles, on réalise la négligence et la désinvolture d'une profession qui vit d'une industrie peu risquée et largement subventionnée. Ce système est devenu parfaitement autogéré, sous l'égide du Centre national de la cinématographie : de multiples commissions, dans lesquelles ne siègent que des professionnels de la culture (fonctionnaires et artistes), décident, en l'absence de représentants du public ou d'élus, des films qui méritent d'être subventionnés. Un chercheur, Frédéric Gimello-Mesplomb, après avoir consulté au *Journal officiel,* pour ces vingt dernières années, les listes des nominations à la commission d'avances sur recettes, a constaté qu'aucun représentant du peuple n'y figurait.

La fonction première de ce corporatisme qui produit en majorité des navets hors de prix et vite oubliés est l'autorépartition des salaires d'une industrie en forte croissance. Secteur protégé au nom de l'« exception culturelle » et qui ne connaît guère le risque : contrairement à ce que croit le grand public, le système d'avances sur recettes est en réalité un système de subventions à perte, 90 % des avances n'étant jamais remboursées. « Les producteurs s'engraissent, que leurs films marchent ou pas. Il n'y a aucune sanction », résume Gérard Depardieu.

Arbitrages et décisions obéissent souvent à des logiques de réseaux, d'affinités et de renvois d'ascenseur : « la plupart des scénarios sont bâclés », leurs thèmes et leur rédaction comptant moins que le pedigree de l'équipe qui vient quémander. « La gestion planifiée entre professionnels et fonctionnaires a pris aussi bien le grand que le petit écran du cinéma français au piège d'un système n'existant plus qu'au travers de ses propres lois, sans se préoccuper ni du public, ni des gaspillages de talents, d'énergie et d'argent[1]. » Gaspillages sur lesquels ne nous informent guère les limiers de l'« investigation » journalistique, pourtant capables d'éplucher la moindre facture de blanchisseur d'un élu[2].

Cette endogamie professionnelle explique la multiplication de ces films que la critique qualifie d'« intimistes », parce qu'ils évoquent toujours le même petit

1. Jean Cluzel, *Propos impertinents...*, *op. cit.*

2. En revanche, quand un intrus – l'instituteur Georges Lopez, héros du documentaire *Être et avoir* – conteste la désinvolture de ce milieu, se rebiffe et se permet de demander des comptes, il est renvoyé avec mépris à sa condition sociale de Petit Chose qui « s'est vu proposer l'équivalent de dix-huit mois de salaire d'un instituteur » et ne nous est plus présenté, ruminant dans un « petit pavillon », que comme un figurant qui n'a pas supporté le choc de sa soudaine célébrité et s'est déshonoré en osant parler argent avec ses « bienfaiteurs », « mû par la force la mieux partagée dans notre société, l'appât du gain » (« Avoir et être », éditorial, *Le Monde*, 12 octobre 2003).

milieu et les mêmes petits problèmes de ceux qui les font, au détriment de thématiques qu'apprécie le grand public (comédies, aventures, policiers, science-fiction), qui, la production passée l'atteste, n'étaient pas incompatibles, en France, avec la création d'*œuvres* à succès populaire, et qui ne le sont toujours pas aux États-Unis (Coppola, Scorsese, De Palma, etc.).

Contrairement à une autre illusion entretenue auprès du grand public, ce système, destiné à soutenir le cinéma français, influe peu sur son audience. Si la France reste la première puissance européenne en nombre de films produits, elle n'a plus guère de présence à l'exportation. Et cette mobilisation financière, en partie culturellement stérile, à laquelle la télévision est contrainte de participer, a eu des effets pervers sur la création audiovisuelle française, qui produit aujourd'hui trois fois moins d'heures de fiction télévisée que l'Espagne ou l'Allemagne. D'où, à côté de ces films français ignorés par le peuple, un recours croissant aux fictions télévisées étrangères : selon le Conseil supérieur de l'audiovisuel, France 2 a diffusé, en 2001, 45 % de fictions américaines, contre 25 % de fictions françaises, la part de ces dernières étant en baisse, tout comme celle des films français.

Cette autogestion qui voit une petite tribu se répartir les fonds du soutien public au cinéma pour produire des films parlant surtout d'elle et laissant le peuple indifférent a aussi prévu un système d'autocongratulation grâce à la célèbre institution des Césars, créée en 1976. Sur le principe du corporatisme, plus de 3 000 « professionnels de la profession » *(sic)* récompensent – à la place du public – les films qui les ont employés.

Cette logique de séparation, qui rend le monde de la culture de plus en plus autonome et indépendant du peuple, constitue la clef de la ténébreuse affaire dite des intermittents du spectacle. Le régime particulier d'indemnisation du chômage de ces milliers de professionnels de la culture a montré au grand public à quelle extrémité est parvenue cette logique de l'inversion sociale : c'est en effet le peuple salarié, par le biais des cotisations que l'Unedic prélève chaque mois sur ses fiches de paie, qui finance la plupart des festivals de France – qu'il n'a pas l'heur de fréquenter beaucoup, alors que leur nombre a doublé depuis vingt-cinq ans. C'est, là aussi, l'un des « acquis » du languisme : il existe aujourd'hui chez nous plus de 600 festivals, dont plus de la moitié ont été créés entre 1980 et 2000, la plupart du temps dans le Sud et sur les côtes, mais bien peu dans les régions populaires. Le temps est loin où Jean Dasté choisissait la cité minière de Saint-Étienne pour créer son théâtre !

Cette décision de faire financer une partie du coût de la production culturelle par l'ensemble des salariés n'a été l'objet d'aucun débat public. Créé en 1936 pour aider les professionnels du cinéma, le système des intermittents a été dénaturé en 1969 pour en faire bénéficier les artistes et techniciens du « spectacle vivant ». Cette notion, très floue, allait se révéler à géométrie extrêmement variable, puisqu'on a inclus dans cette catégorie, en 1999, les prestataires de services, ce qui a permis à de plus en plus d'organisateurs de spectacles d'utiliser un personnel qu'ils ne payaient pas à son prix réel – et, pour certains, qu'ils ne payaient pas du tout –, les usages frauduleux de ce mécanisme financier étant particulièrement tentants, aisés et peu risqués. « Rarement un secteur d'activité aura exposé aussi largement et systématiquement la multitude des arrangements avec la norme, des combines et débrouilles au gré desquelles s'est installée une culture qualifiée de "culture de la fraude" », conclut le sociologue Pierre-Michel Menger, spécialiste des institutions culturelles, au terme d'une étude décapante qui n'a guère eu d'écho[1].

Grâce à ces « arrangements, tous motivés par le désir de créer », ce système opaque a diminué les coûts de la culture consommée par l'élite en obligeant à leur insu les salariés à en assumer une part de plus en plus importante par le biais de leurs cotisations. Pierre-Michel Menger note que « le ministère de la Culture a su tirer parti, depuis les années 80, d'une

1. Pierre-Michel Menger, « Intermittence : exception culturelle, exception sociale », *www.repid.com*

forme de subventionnement indirect ou passif qui abondait ses propres investissements ». Il estime que ce « financement en trompe l'œil » de la culture par les salariés du privé équivaut au tiers du budget du ministère, ce qui a facilité son doublement sous le premier septennat de François Mitterrand. Le ministère du Travail s'est régulièrement inquiété de ce financement du languisme par l'assurance sociale, mais le rapport de forces politique n'était alors pas en sa faveur, remarque Pierre-Michel Menger : « La culture demeurait une priorité symbolique plus mobilisatrice que la remise en ordre des comptes sociaux. »

Malgré de nombreux rapports attirant l'attention sur les dérives croissantes du système, émanant du Parlement, de la Cour des comptes ou du milieu culturel lui-même, comme celui du metteur en scène Jean-Pierre Vincent en 1992, la gauche n'a rien entrepris. Ces dix dernières années, le nombre d'intermittents s'est vu multiplier par deux (de 51 000 en 1993 à 102 000 en 2002), et les sommes versées par les Assedic, par quatre. Une véritable aubaine pour les initiés : chaque année, près de 15 000 nouveaux « intermittents » se sont mis sur les rangs, chiffre plus de vingt fois supérieur aux promotions sortant des conservatoires et écoles de musique, de danse, de théâtre, de cinéma... D'où la « corrélation paradoxale » relevée par Pierre-Michel Menger : « Quand l'emploi sous forme intermittente augmente, le chômage indemnisé non seulement augmente, mais progresse plus rapidement que le volume d'emplois créés. » En 1980, pour 3,2 millions de jours travaillés et rémunérés, 1,7 million de journées de chômage étaient indemnisées ; en 1992, pour 6,7 millions de jours de travail, ont été indemnisées 11,2 millions de journées de chômage... Le déficit du régime spécifique des intermittents a atteint 828 millions d'euros en 2002 soit plus du quart du déficit du régime général des salariés du privé pour seulement 3,4 % des allocataires.

C'est un syndicat de salariés, la CFDT, qui, au nom de l'égalité sociale, a voulu non pas remettre en question le principe de l'intermittence, mais limiter ses folles dérives. Les caisses de l'Unedic se vidant avec la montée régulière du nombre des chômeurs en France, l'importance des masses financières du régime particulier du spectacle devenait insupportable, au point de dérégler l'équilibre général de l'assurance-chômage. Pour éviter de toucher à ce régime réputé intouchable, les gestionnaires paritaires avaient même décidé, en janvier 2003, une baisse des prestations des chômeurs non intermittents. Mais cela ne suffisait pas. L'accord du 26 juin 2003 signé entre le Medef et la CFDT, destiné à limiter plus qu'à supprimer les abus du système, fut salué par quelques rares artistes comme une victoire de la CFDT sur le Medef, lequel souhaitait simplement rattacher les intermittents au régime de l'intérim.

Ainsi, la réforme obéissait non pas à des considérations de principe, mais simplement à des raisons comptables, pour sauver un système qui reste toujours, souligne la CFDT, beaucoup plus favorable aux intermittents qu'aux autres salariés, en leur accordant une « période de créativité et de recherche grâce à la solidarité des cotisations des autres salariés du secteur privé ». L'Unedic reste donc le « premier mécène de France[1] », et, en l'état, ce système exceptionnel constitue toujours un « problème de justice sociale » qui ne concerne « tout simplement pas que les professions du spectacle », comme le rappelle le secrétaire général de la CFDT[2].

Mais cette réforme, pourtant cantonnée aux marges du dispositif, a mis hors d'eux les nombreux bénéficiaires du système antérieur. À écouter les intermittents, leur exigence, manifestée durant l'été 2003 par la perturbation de tous les spectacles possibles, visait simplement la perpétuation de ce dol : que les braves salariés des secteurs de l'industrie, du commerce et des services continuent à subventionner un régime beaucoup plus avantageux que celui dont ils bénéficient eux-mêmes. Alors que, du fait de la flexibilité, bien d'autres professions pourraient à présent revendiquer ce statut de précarité : la couture, l'agriculture, l'hôtel-

1. « Le combat CFDT pour la culture », *CFDT Communication et Culture.*

2. François Chérèque et Danièle Rived, « La politique culturelle ne doit pas être financée par le privé », *Libération*, 8 juillet 2003.

lerie, la restauration, etc. Sans oublier les caissières de supermarché : « Une caissière est une intermittente du travail. Elle a des horaires hachés, et souvent des temps partiels imposés. Il y aurait donc d'un côté les artistes, la noblesse, et de l'autre côté la France d'en bas ? » interroge Michel Jalmain, de la CFDT[1].

Mais cette argumentation de gauche fut ignorée ou réfutée par les intermittents en vertu d'un raisonnement supérieur qui justifiait cette inégalité pénalisant les salariés au nom de la grandeur de leur métier : le service de l'Art.

Cette prétention aristocratique – que le bas peuple, frappé par le chômage, trime pour les réjouissances de l'élite – a bénéficié de la compréhension des médias – surtout audiovisuels – pour une raison fort simple : la machine audiovisuelle exploite avec profit cette combine aussi facile que lucrative, et sa consommation d'intermittents représente le tiers du budget d'indemnisation. La télévision figure en bonne place parmi les plus importants employeurs d'intermittents, que ce soit directement dans les chaînes (20 % de l'emploi dans l'audiovisuel public) ou dans ces « sociétés de production indépendantes », fort rentables pour leurs dirigeants, qui fabriquent les émissions à destination du peuple en les finançant sur le dos du peuple : elle utilise fréquemment des permanents qu'elle ne paie et

1. *Le Point*, 4 juillet 2003.

déclare que quelques jours par mois, le reste étant versé par les Assedic. Ces intermittents, de leur côté, y trouvent souvent leur avantage par des surdéclarations de salaire et de faux cachets qui leur permettent de rester dans le système. Une complicité qui explique, selon la Cour des comptes, la « difficulté à déceler des comportements frauduleux fondés sur la connivence entre employeurs et salariés ». Voilà pourquoi, durant l'été 2003, les présentateurs des journaux télévisés diffusaient régulièrement de longs reportages sur les diverses « actions » des intermittents, tout en remerciant chaque fois ceux de la chaîne d'avoir bien voulu permettre leur diffusion...

Ce conflit a mis en scène l'alliance symbolique, au détriment du peuple mécène, d'une nouvelle classe d'artistes autoproclamés, d'un lumpenprolétariat de l'industrie du spectacle (qui a compris qu'il valait mieux être électricien ou cuisinier dans l'intermittence qu'ailleurs) et des consommateurs de culture, principaux bénéficiaires d'un système qu'ils ne paient pas à son véritable prix. Mais ce système qui s'alimente par génération spontanée[1] subit une crise de surproduction comparable à la crise viticole : il y a trop de vin sur le marché, et trop de vins médiocres

1. « Est artiste toute personne qui décide qu'elle est artiste », explique un artiste qui vient de créer une *structure culturelle*, *Le Monde*, 24 juillet 2003.

qui ne trouvent pas de consommateurs. « Le nombre de compagnies augmente plus vite que l'argent public », résume Bernard Latarjet, l'un des grands technocrates de la culture, président du Parc et de la Grande Halle de la Villette, et chargé d'une difficile mission sur l'avenir des intermittents[1]. Depuis cinq ans, l'offre continue de croître alors que la fréquentation des spectacles, tous genres confondus, stagne autour de 30 millions d'entrées.

D'où la revendication d'un « statut social de l'artiste » : « Les artistes et tous les acteurs de l'art doivent tout simplement être plus justement payés de manière à ne pas avoir besoin d'indemnités. Ce qui suppose que les salaires incluent la préparation et les répétitions, tout le processus de développement d'une œuvre ou d'un spectacle[2]. » Ce « choix de société, voire de civilisation », constituerait l'aboutissement d'une revendication qui émerge chez des artistes qui, après avoir abandonné les impératifs de la culture populaire, cherchent à se libérer de la notion même de public, ainsi que le souligne Philippe Muray. Celui-ci y voit l'illustration d'une « démence contemporaine spécifique qui consiste à s'intituler artiste avant même d'avoir reçu les applaudissements de quiconque et à exiger de recevoir des

1. *Le Monde*, 25 novembre 2003.

2. Jean-Baptiste Barrière, « Donner un statut social à l'artiste », *Libération*, 31 juillet 2003.

subsides afférents à un tel arbitraire sans qu'il soit question de laisser examiner qualitativement les "œuvres" [1] ». L'art comme « droit de l'homme », mais pour le professionnel : « Être un artiste sans public, mais avec pension[2]. » Revendication qui ignore superbement les victimes du système. D'abord les chômeurs : les sommes croissantes affectées à l'intermittence viennent en déduction de celles qui leur sont de plus en plus chichement consacrées. Puis tous les salariés du privé, qui sont les seuls à cotiser, les fonctionnaires en étant largement dispensés uniquement parce qu'ils ne risquent pas le chômage ! Le mépris des intermittents à l'égard du monde du salariat privé s'est d'ailleurs régulièrement exprimé par la contestation de l'intervention de la CFDT, majoritaire chez les salariés du privé – *payeurs,* – dont elle défendait les intérêts, sous prétexte que cette confédération était minoritaire chez les intermittents – *bénéficiaires.*

L'effet renversant de cette revendication s'est traduit politiquement par la violence avec laquelle ont été rangés dans le camp de la « réaction » et de l'« ordre moral » ceux qui osaient prendre le parti des salariés en soutenant l'accord signé par la CFDT, tels Ariane

1. Philippe Muray, *Marianne*, 29 septembre 2003.

2. Élisabeth Lévy, « L'art n'est pas un droit de l'homme », *Le Figaro*, 23 juillet 2003.

Mnouchkine et Patrice Chéreau, accusés d'être des « collabos ». Simultanément, pour nier le problème de justice sociale posé, qui concernait les intérêts du peuple cotisant aux Assedic, le rôle de la CFDT a été systématiquement escamoté, seul le Medef étant présenté comme demandeur de la réforme. Celle-ci était aussi faussement décrite, non comme devant modifier, mais comme devant supprimer le régime particulier d'indemnisation, ainsi que le laissa entendre l'éditorialiste de *Libération,* saluant « la constance admirable d'une profession déterminée à ne pas se laisser égorger[1] ».

La notion même d'expression artistique a fait les frais de cette revendication statutaire. Comme l'a analysé François Ribac, soulignant que, contrairement à ce que disaient beaucoup d'intermittents, « il n'y a pas d'équivalence entre le professionnalisme et l'art », l'une des richesses de ce dernier – l'amateurisme – s'est vue déprécier au nom d'une professionnalisation systématique. S'est ainsi trouvée niée toute l'histoire de la décentralisation théâtrale, qui reposait souvent sur des troupes d'amateurs. De même, que serait le rock sans l'énergie et la passion bénévoles ? Ou « la danse contemporaine et le baroque, secteurs qui se sont d'abord développés en marge » ? « La reconnaissance du public et de la critique a précédé celle de

1. *Libération*, 12 novembre 2003.

l'État, longtemps indifférent, et elle s'est faite avec l'hostilité des "pros" du secteur[1]. » Chez les meilleurs artistes, l'intense période où ils furent amateurs, plus ou moins maudits, a fréquemment précédé la phase professionnelle et l'a rendue possible. L'invocation d'un « devoir de l'État à l'égard des artistes[2] » traduit, à l'inverse, une demande de fonctionnarisation, de banalisation pour des « professionnels » dont les activités de « création » sont non plus l'opposé du travail, mais, « au contraire, de plus en plus revendiquées comme l'expression la plus avancée des nouveaux modes de production et des nouvelles relations d'emploi engendrés par les mutations récentes du capitalisme[3] ». L'enseignement est, faute de mieux, sollicité comme réceptacle de ces artistes auto proclamés, Laure Adler proposant, pour résoudre le problème du financement des intermittents, « un système où ils pourraient être profs, intervenants dans les classes d'enseignement artistique, surveillants[4] »...

Ce nouveau « devoir de l'État » au service des artistes prend la place du devoir de l'État à l'égard du public populaire, qui mobilisait auparavant le monde

1. François Ribac, « Le mouvement des intermittents et la crise de la politique culturelle », *Mouvements*, novembre-décembre 2003.

2. « La fin d'un monde », *Beaux-Arts Magazine*, septembre 2003.

3. Pierre-Michel Menger, « Intermittence : exception culturelle...», *op. cit.*

4. *Beaux-Arts Magazine*, septembre 2003.

de la culture. Désormais, ces artistes demandent à l'État culturel non plus de les mettre en contact avec le public, mais de les protéger du « risque de l'assujettissement de la culture et de la création à des considérations électoralistes, commerciales ou populistes[1] ».

1. *Beaux-Arts Magazine*, « La fin d'un monde », septembre 2003.

VII

À CHACUN SA CLASSE

Où l'on voit que le peuple doit désormais rester à sa place : avec la destruction de l'école, la gauche renonce à la lutte contre les inégalités.

> *« Ne dites pas Bonjour monsieur le Professeur, dites Crève salope ! »*
>
> Tag (Paris VIe, mai 1968)

« Pour nous, il ne s'agit pas de réformer l'école, de l'améliorer, de la démocratiser, car, tout simplement, c'est un objectif utopique, irréalisable : l'école est par essence, par nature, par origine, un appareil de sélection sociale, de diffusion de l'idéologie bourgeoise. Cette école-là, elle n'est pas amendable, il faudra la détruire. »

Ce programme, énoncé il y a trente ans par Edwy Plenel (sous le pseudonyme de Joseph Krasny) dans l'hebdomadaire de la Ligue communiste[1], est en passe d'être réalisé. Là aussi au détriment du peuple. Car, si imparfaite fût-elle, aussi inégalitaire restât-elle, l'école méritocratique – gratuite – était l'un des rares moyens de mobilité sociale pour certains enfants du peuple. Mobilité limitée, mais réelle. Et aujourd'hui en régression. Les faits, sous les discours, traduisent clairement ce tournant brutal : on l'a vu, le pourcentage d'étudiants d'origine populaire admis à l'ENA, à Normale Sup et à Polytechnique, lieux de formation de la haute élite, a baissé de moitié entre 1968 et 1990[2]. Le phénomène, général, se vérifie pour les autres grandes écoles : « Les élèves des écoles de l'élite sont de plus en plus homogènes socialement, les enfants des catégories populaires (employés et ouvriers) passant ainsi de 26,9 à 16,9 % de l'ensemble des écoles les plus sélectives entre le début des années 80 et la fin des années 90[3]. »

Ces résultats ont été obtenus au terme de trente ans de réformes dont le principe essentiel a consisté à laisser chacun dans son *jus.* Les raisons de ces réformes, connues, doivent être rapprochées du relâchement de la démocratisation de l'accès à la culture

1. *Rouge*, 29 mars 1974.

2. « Le pourcentage d'étudiants d'origine populaire à l'ENA, l'ENS et l'X est passé de 15,4 % pour 1966-1970 à 7 % pour 1989-1993 » (Antoine Prost, *L'enseignement s'est-il démocratisé ?*, Presses universitaires de France, 1992).

3. Louis Chauvel, « Le retour des classes sociales ? », *Revue de l'Observatoire français des conjonctures économiques*, octobre 2001.

au profit de la reconnaissance de *ce qui est.* Au nom d'une démocratisation formelle dans un cadre unique, la démocratisation réelle a régressé.

L'école méritocratique s'efforçait, non sans rudesse, de rendre les élèves « autres » que ce qu'ils étaient au départ, tant en ce qui concerne leur dépendance à l'égard de leur univers familial ou local que par l'acquisition de savoirs, de savoir-faire et d'un libre-arbitre. Cet objectif a été progressivement remplacé par une logique purement adaptatrice qui valorise le bagage des supposés « défavorisés » en respectant leurs manques et en s'alignant sur eux pour que tous reçoivent les mêmes « contenus objectivables ». C'est sous cette influence que les *Clin* (classes d'initiation) et les *Clad* (classes d'adaptation), outils prévus pour accueillir à l'école les enfants d'immigrés et pour leur apprendre intensivement le français, ont été peu à peu délaissées, tandis qu'étaient développées dès l'école primaire les « langues et cultures d'origine ». Renvoyant chacun à ce qu'il est déjà, estimant que ce serait violence que de le faire devenir autre, cette conception différentialiste de l'égalité va aujourd'hui jusqu'à proposer aux élèves de CAP d'approfondir leur culture du verlan, comme le propose un récent manuel de français[1] !

Étant donné l'inégalité culturelle entre classes sociales, les enfants du peuple étaient certes défavorisés

1. *Le Français, CAP*, Delagrave, 2003.

par l'école méritocratique à l'ancienne, exigeante pour tout le monde et sélective. Mais celle-ci permettait à une minorité de rattraper son retard et d'accéder aux formations suprêmes. La nouvelle école, plus respectueuse des différences d'héritage culturel, moins exigeante pour tout le monde, a logiquement fini par avantager ceux qui recevaient ailleurs qu'à l'école, dans leurs familles, des savoirs et savoir-faire que l'école ne cherchait plus, « par respect », à inculquer à tout un chacun. Christopher Lasch a établi dès 1981 le bilan de cette nouvelle approche aux États-Unis : « Sous prétexte de respecter le droit des minorités à posséder leur "culture propre" et sous celui, plus généralement, de respecter le droit des jeunes, les écoles ont abandonné tout effort réel de transmettre "ce que l'on sait et ce que l'on pense de mieux dans le monde". Elles travaillent sur la base du postulat qui veut qu'une culture de haut niveau soit intrinsèquement élitiste, que personne ne devrait être obligé d'apprendre quoi que ce soit de difficile, et que les valeurs de la classe moyenne ne devraient en aucun cas être "imposées" aux "pauvres". Les enseignants américains invoquent des slogans démocratiques pour justifier en pratique des programmes qui condamnent la plupart de nos concitoyens à un quasi-illettrisme[1]. »

En France, la destruction de l'école universelle a été justifiée par la curieuse théorie, dite « de gauche », du

1. Christopher Lasch, *Culture de masse ou culture populaire ?*, Climats, 2001.

« capital symbolique », énoncée par Pierre Bourdieu à la fin des années 60[1] et selon laquelle l'école républicaine ne serait qu'un rouage de la machine de reproduction sociale de la bourgeoisie, bien que l'on sût déjà à l'époque que l'inégalité des réussites scolaires tenait moins à celle du capital culturel qu'à la différence des ambitions nourries par les élèves et les familles, et à la disparité des ressources économiques de ces dernières. « L'école n'est pas "bourgeoise" par nature, mais les bourgeois savent mieux que les autres tirer parti des possibilités qu'elle offre. Il en va de même, on le sait, du système de santé, sans que l'on puisse pour autant soutenir que la médecine est intrinsèquement bourgeoise », relevait il y a déjà longtemps Paul Thibaud, qui s'interrogeait sur le fait que « tout ce qui, dans l'analyse de l'inégalité scolaire, relève de la faiblesse sociale et économique, est en France spontanément oublié, alors que l'on se précipite sur les explications culturalistes, comme si ces dernières flattaient, chez les intellectuels et les professeurs, le désir de se croire séparés par essence de la masse[2] ».

L'écho qu'a rencontré ce fatalisme culturaliste de Pierre Bourdieu dans le milieu pédagogique des années 70 a engendré un pessimisme professionnel au plus

1. Pierre Bourdieu et Jean-Claude Passeron, *La Reproduction*, Minuit, 1970.

2. Philippe Raynaud et Paul Thibaud, *La Fin de l'école républicaine*, Calmann-Lévy, 1990.

haut niveau de l'appareil éducatif et, par l'alibi automatique et libérateur qu'il leur fournissait face à l'échec scolaire, un effet déprimant sur plusieurs générations d'enseignants. L'antienne de l'écrasement des enfants d'origine populaire sous la « violence » symbolique du savoir dominant que constituait le programme classique d'humanités a logiquement entraîné la dévalorisation de ce dernier. Ce qui a conduit Jean-Claude Michéa à voir en Pierre Bourdieu un « garde rouge du capital » : « Dans un premier temps, on proclame que l'école n'est déjà rien d'autre qu'un outil au service de la reproduction du capital. Après quoi, fort de cette radicalité apparente, on peut exiger, au nom de l'anticapitalisme même, la disparition de tout ce qui constitue en réalité un obstacle à l'extension du règne de la marchandise[1]. » La gauche aura consciencieusement réalisé ce programme jusque sur ce dernier point, puisque l'histoire retiendra que ce sont deux ministres socialistes, Jack Lang et Jean-Luc Mélenchon, qui ont donné l'autorisation officielle aux marques de faire leur entrée à l'école en mettant fin à la neutralité commerciale que s'osbtinait à défendre la justice administrative[2].

1. Jean-Claude Michéa, *L'Enseignement de l'ignorance et ses conditions modernes*, Climats, 1999.

2. Ministère de l'Éducation nationale, circulaire du 28 mars 2001 (« Code de bonne conduite des interventions des entreprises en milieu scolaire »).

En 1989, la loi Jospin d'orientation a synthétisé ce réformisme en ôtant au professeur sa mission hiérarchique d'instruction pour en faire l'animateur d'un « lieu de vie » démocratique, en érigeant l'épanouissement de l'enfant comme la préoccupation principale en lieu et place d'un savoir à transmettre, et en éradiquant toutes les formes d'encadrement (tutorat, études surveillées, internat) alors même que l'on savait depuis longtemps, au terme de convaincantes études internationales, que « la rigueur de la sélection scolaire bénéficie paradoxalement aux élèves issus de milieux modestes[1] ». Cet héritage du spontanéisme et du rousseauisme de 68, qui fait de l'élève la mesure de lui-même (il « s'autodiscipline », « s'auto-évalue », et de « grandes consultations » l'interrogent sur ce qu'il souhaite pour la prochaine réforme), a produit un catéchisme pédagogique dont l'obsession est de bannir toute interdiction et toute sanction (ni zéro ni redoublement), d'ouvrir l'école aux réalités extérieures et de réduire toute distance avec le présent des élèves (mieux vaut apprendre le français en étudiant le mode d'emploi d'un presse-purée ou une affiche publicitaire plutôt qu'un texte de La Fontaine ou de Hugo).

C'est sur la base du rapport Bourdieu de 1985, qui estimait que « l'importance excessive accordée à la

1. Mohamed Cherkaoui, *Les Paradoxes de la réussite scolaire*, Presses universitaires de France, 1979. Voir aussi Jacques Narbonne, *De Gaulle et l'éducation*, Denoël, 1994.

trilogie "lire, écrire, compter" peut, à bon droit, être considérée comme l'un des facteurs de l'échec scolaire », que fut refondu l'ensemble des programmes, de l'école primaire à la classe terminale des lycées, mettant l'accent sur l'« activité » et « l'expérience », au détriment de l'acquisition des connaissances. D'où l'« abandon progressif de l'apprentissage de la grammaire et du français[1] ». Cette époque a marqué l'apogée, au sein du ministère de l'Éducation nationale, du lobby pédagogiste, qui aura compromis pour des décennies l'enseignement de la lecture et du calcul, ce que les pédagogues eux-mêmes ont fini par reconnaître : « Selon les années, ce sont entre 21 et 42 % des élèves qui, au début du cycle 3 (entrée en CE 2), paraissent ne pas maîtriser le niveau minimal des compétences dites de base en lecture ou en calcul ou dans les deux domaines. Ils sont entre 21 et 35 % à l'entrée au collège[2]. » Si le désastre scolaire se constate au collège, c'est à l'école primaire qu'il est préparé et tranquillement assumé grâce à une innovation décisive : l'envoi en 6e, où beaucoup sont déjà définitivement perdus, de ce tiers d'élèves inaptes à la maîtrise de la lecture, alors

1. Nathalie Bulle, « Les changements idéologiques de l'enseignement dans l'école secondaire "de masse" », in *École et société. Les paradoxes de la démocratie*, sous la direction de Raymond Boudon, Nathalie Bulle et Mohamed Cherkaoui, Presses universitaires de France, 2001.

2. *Améliorer l'efficacité de l'école primaire*, rapport de l'Inspection générale de l'Éducation nationale, remis à Ségolène Royal, juillet 1998.

que personne n'oserait pousser dans le grand bain d'une piscine des enfants ne sachant pas nager. La suite n'est souvent que confirmation de ce gâchis initial qui frappe essentiellement les enfants des classes populaires (80 % des élèves des classes préparatoires aux grandes écoles figuraient déjà dans le quart supérieur des élèves en 6e). Les systèmes d'évaluation, destinés à « duper les élèves sur la réalité de leur niveau », ne parviennent même plus à tromper les parents des milieux populaires malgré « la pesante logistique de l'évaluation de sixième [qui] paraît moins témoigner de la volonté de connaître la réalité que du désir inavoué de l'esquiver[1] ».

Comme dans le domaine culturel, l'idéologie du droit à la différence favorise donc, à l'école, les inégalités sociales entre enfants, que le sévère système universaliste ne faisait pas disparaître, mais qu'il atténuait en permettant une mobilité sociale non négligeable. Ce résumé très succinct de trente ans de réformes pédagogiques conduit à s'interroger sur le degré de conscience de leurs inspirateurs. Certes, la gauche est habituée à voir ses *bonnes intentions* démenties par l'échec de ses réalisations, cas de figure qui débouche sur l'épisode bien connu des *révisions déchirantes*. Mais comment expliquer son obsti-

1. Mireille Grange et Michel Leroux, « Évaluation des évaluations. Français : le véritable état des lieux à l'entrée en sixième », *Le Débat*, janvier-février 2004.

nation, avec la complicité active d'une majorité d'enseignants, à persévérer dans la destruction d'un système scolaire méritocratique – auquel le peuple s'est toujours montré attaché – alors que les effets profondément inégalitaires de cette politique étaient depuis longtemps mesurables ?

Il y a eu d'abord la phase du déni, dont les technocrates de l'école ne sont pas encore totalement guéris : dans la première mouture du dernier rapport (2003) du Haut Conseil de l'évaluation de l'école, une phrase qui résumait trop simplement l'état de la question – « L'école n'a pas réussi à corriger les inégalités, mais les a amplifiées » – a été supprimée dans la version finale (certainement en raison de sa violence symbolique). Puis le désastre scolaire a été expliqué par la « massification » récente de l'école, argument peu convaincant, puisque la dégradation se constate d'abord et avant tout à l'école primaire, massifiée depuis plus d'un siècle et dont les performances auprès des enfants du peuple étaient supérieures dans les années 20, comme l'a établi de manière incontestable l'étude menée sous la direction de Claude Thélot confirmant la forte « baisse de niveau » en français et en calcul[1]. D'un point de vue technique, un élève d'origine immigrée n'est pas, pour le pédagogue, un obstacle très différent de celui que représentaient, pour

1. *Les Dossiers d'Éducation et formations*, ministère de l'Éducation nationale, février 1996.

son prédécesseur, un petit Breton extrait de sa famille bretonnante, ou un enfant du Berry que les gendarmes avaient dû arracher au travail de la ferme : en réalité, c'est le regard de l'enseignant sur ces altérités qui a changé.

Depuis que l'on ne peut plus sérieusement nier le désastre, les syndicats d'enseignants se sont rabattus sur l'éternelle question des « moyens » et ont réussi à transmettre aux parents leur obsession du nombre d'élèves par classe, alors que ce paramètre n'est pas déterminant pour la qualité de l'enseignement. Or, accompagnant les réformes, les moyens matériels n'ont cessé d'augmenter plus rapidement que le nombre d'élèves : depuis vingt-cinq ans, la dépense, en francs constants, a augmenté de 94 % pour un élève du primaire et de 74 % pour un élève du secondaire. Ces moyens continuent de s'accroître. De 1990 à 2000, le budget de l'enseignement scolaire a ainsi progressé de 23 % en francs constants, alors même que les effectifs scolaires diminuaient de près de 550 000 élèves. Au cours de cette période, le taux d'encadrement enseignant a donc augmenté : le primaire, qui a perdu 370 000 élèves (– 6 %), gardait le même nombre de professeurs des écoles, et dans le secondaire le nombre d'enseignants passait de 332 000 à 369 500 (+ 11 %) alors que le nombre élèves baissait (– 2 %). Enfin, dans l'enseignement supérieur, les crédits ont augmenté de 63 % en francs constants entre 1990 et 2000, soit cinq fois plus vite que le budget de l'État, alors que les effectifs étudiants n'ont crû que de 25 %[1].

Le bilan de ces réformes paraît donc aujourd'hui d'une telle évidence, et ses résultats pour les élèves d'origine populaire, si désastreux, que la persévérance mise à les appliquer et à les généraliser devient troublante. Un récent rapport de l'Inspection générale[2] illustre cette obstination jusqu'à l'absurde et donne presque l'impression que l'objectif est bien l'abaissement des performances de l'enseignement. Dans ce document, les inspecteurs s'interrogent sur une anomalie : le taux de réussites au baccalauréat en Bretagne, supérieur de plus de 10 % à la moyenne nationale (72,4 % contre 61,7 %), malgré un coût moyen par élève parmi les plus faibles de France. Ils expliquent cette prouesse, dont ils ne se félicitent guère, par l'archaïsme local : le corps enseignant de Bretagne leur « apparaît tout à la fois comme sérieux, le plus souvent compétent, et majoritairement assez conservateur », mais coupable d'un « attachement très majoritaire aux modèles pédagogiques traditionnels et à la pratique des cours directifs en classe, ainsi

1. Ministère de l'Éducation nationale, *L'État de l'école*, octobre 2002 ; Cour des comptes, *La Gestion du système éducatif*, rapport au président de la République, avril 2003 ; Jean-Richard Cytermann, « Le coût de l'éducation », in *Le Système éducatif en France*, sous la direction de Bernard Toulemonde, La Documentation française, 2003.

2. *Évaluation de l'enseignement dans l'académie de Rennes*, Inspection générale de l'Éducation nationale, septembre 2000.

qu'aux formes classiques d'évaluation ». Peu importe le résultat positif de cette particularité ! Elle résiste au « nouveau » : l'inspection relève que ces « enseignants très appliqués, acharnés au travail », n'ont « guère été incités à renouveler leurs pratiques », que « les pratiques innovantes restent marginales » et qu'il y a « peu de remises en cause ». Le constat semble clair : les enseignants bretons présentent un retard certain dans la réalisation du programme de destruction de l'école ! Leur mauvaise volonté est manifeste : les inspecteurs « regrettent un réel sous-équipement des établissements » en « salles avec téléviseurs et magnétoscopes », et dénoncent les responsables : « Ce sous-équipement s'explique souvent par le fait que les équipes d'enseignants n'ont pas fait les demandes nécessaires. » L'inspection leur reconnaît des circonstances atténuantes : le contexte local n'est pas favorable car les élus, représentés dans les établissements, se montrent « reconnaissants aux professeurs de pratiquer une pédagogie sérieuse et exigeante, sans céder aux effets de mode ».

Ce désastre scolaire et la perspective que les enfants du peuple en seraient les principales victimes avaient été anticipés il y a un quart de siècle par Raymond Boudon, l'un des maîtres de la sociologie des faits. Ce spécialiste des inégalités sociales avait notamment prévu que le « collège unique » n'aurait pas d'influence sur l'inégalité des chances, et estimait qu'un renforcement des sanctions positives et négatives (notes, récompenses, punitions) aurait plus d'effets positifs sur la réduction des inégalités que leur suppression[1]. Ses analyses n'ont guère eu d'écho, puisque les réformes ont emprunté le chemin inverse de celui qu'il préconisait. Voilà vingt ans, il accordait encore aux réformateurs l'excuse de la bonne foi : « Si cette politique a été souvent menée sans prudence et si elle paraît dans bien des cas avoir effectivement abouti à une dégradation de la fonction de formation du système d'enseignement, c'est sans doute que ceux qui ont assumé ce coût en escomptaient des avantages sur un autre plan, sur un plan supérieur du point de vue des valeurs. Car on ne pouvait d'un cœur léger s'exposer à ce risque que si l'on en escomptait un gain du point de vue de l'égalisation des chances devant la vie[2]. »

Mais l'obstination dans l'échec l'a ensuite intrigué : « Qu'il ait fallu trente ans pour prendre conscience des dégâts fâcheux [que les réformes] ont entraînés, a été pour moi à l'origine d'une sorte de choc. »

Une autre question s'impose donc, comme le suggère Philippe Nemo : « Le problème intellectuel vraiment intéressant à poser en ce qui concerne

1. Raymond Boudon, *L'Inégalité des chances*, Armand Colin, 1979.

2. Raymond Boudon, préface à la réédition de 1984 de *L'Inégalité des chances*, Hachette, Pluriel.

l'éducation en France au début des années 2000, ce n'est plus de savoir ce qui ne marche pas, ni même de déterminer ce qu'on pourrait faire, mais de comprendre pourquoi on ne fait rien[1]. » Pourquoi continuer à appliquer un programme qui échoue ? Parce que « l'école actuelle satisfait en fait secrètement tout le monde, ou du moins tous les acteurs organisés, ceux qui pourraient prendre l'initiative de réformes ».

Selon Raymond Boudon, sociologue adepte de la rationalité des actions humaines, il y a toujours une explication au fait que « des idées fausses ou mal fondées s'installent aussi facilement » : « Une théorie peut être "utile" sans être vraie ; or, dès qu'elle rencontre les intérêts de certains acteurs sociaux, ceux-ci se demandent d'abord si elle est "utile", ensuite seulement si elle est vraie[2]. » Or l'« utilité » relative de ces réformes n'est pas équivalente pour tous les acteurs sociaux : depuis trente ans, la destruction de l'école traditionnelle permet aux enfants de la bourgeoisie et des enseignants de *gagner des places* sur ceux du peuple, en particulier sur les enfants d'origine immigrée. Il est troublant de constater que la vérité

---

1. Philippe Nemo, « La fonction de "garderie" de l'école : une explication de la dégradation de sa fonction pédagogique », in *École et société. Les paradoxes de la démocratie*, sous la direction de Raymond Boudon, Nathalie Bulle et Mohamed Cherkaoui, *op. cit.*

2. Raymond Boudon, *Y a-t-il encore une sociologie ?*, *op. cit*, 2003.

pratique du bourdivisme est d'être devenue l'idéologie dominante des milieux – intellectuels, enseignants, hauts fonctionnaires, journalistes – où se trouvent précisément concentrés les détenteurs de capitaux culturels qu'il prétend dénoncer : où est l'erreur[1] ?

Alors que le peuple n'a jamais accepté la dégradation de l'école républicaine, pour laquelle il manifeste une *nostalgie* coupable mais très conforme à ses intérêts, il faut bien constater que les syndicats d'enseignants de gauche ont consenti et souvent œuvré à des réformes dont ils ne pouvaient guère ignorer les effets antiégalitaires, tout comme l'élite réformatrice : nous entendons « avec stupeur des gens qui ont accédé à des postes enviés dans les administrations et les universités les plus prestigieuses, condamner sereinement l'élitisme des autres. L'histoire, pourtant, aurait dû nous familia-

1. La clef de l'énigme de Pierre Bourdieu, en tension permamente entre la fatalité de la domination et la lutte nécessaire contre cette domination, pourrait résider dans son histoire personnelle, ainsi que l'a perçu Emmanuel Poncet (« La "névrose de classe" de Pierre Bourdieu », *Libération*, 7 février 2002). Dans son émouvant livre posthume (*Esquisse pour une auto-analyse*, Éditions Raisons d'agir, 2004), le professeur au Collège de France a raconté comment, enfant du peuple paysan, il vécut douloureusement le mépris de classe enduré dans sa jeunesse (moqué pour son nom, ses habits, son accent), mais son œuvre, qui résonne comme un « pied de nez adressé aux élites oppressantes », aura eu le tragique effet de renforcer ce déterminisme social auquel il avait magistralement échappé.

riser avec ce paradoxe : les dévots de l'équité aiment rarement partager[1]. »

L'école est le lieu d'une insondable hypocrisie. D'un côté, l'élite et les enseignants vont de concert répétant que *tout va bien*. De l'autre, ils montrent par leurs comportements que c'est le contraire qui est vrai, qu'ils le savent bien et sont les mieux placés pour en tirer parti. Contrairement à ce que répète les syndicats, l'école a été privatisée non par le capital, mais par une sorte de lutte des classes dont les familles enseignantes sont les grandes gagnantes, et les familles populaires, les grandes perdantes.

Ce vaste délit d'initiés associe les « leaders d'opinion » qui affirment que l'école *ne va pas si mal,* mais qui, en adeptes avertis du consumérisme scolaire, savent qu'il ne faut pas mettre ses propres enfants n'importe où. Les journalistes en particulier, comme on s'en amuse régulièrement dans les couloirs de la rue de Grenelle, sont les champions de la dérogation. Et certains des sociologues – et non des moindres – qui s'indignent publiquement du « catastrophisme » entretenu à l'égard de l'école, y cèdent en privé en activant leurs réseaux pour aider leurs enfants. L'élite parisienne bénéficie des meilleurs collèges et lycées publics, et sait aller voir ailleurs quand c'est nécessaire : 33 % des collégiens de la

1. Michel Leroux, « La destruction programmée de l'enseignement des lettres », *Commentaire*, été 2003.

capitale sont dans le privé, et 10 % ont obtenu une dérogation pour ne pas être dans le collège de leur secteur (chiffre sous-estimé qui ne tient pas compte des nombreuses fraudes liées aux fausses déclarations de domicile). L'élite politique de gauche sait aussi tirer profit des effets de sa politique par un usage intensif de l'école privée, comme s'en amuse Guy Konopnicki : « Inutile de chercher les enfants des dirigeants socialistes dans les lycées du “9-3” ! Invité un soir à présenter un documentaire aux élèves de l'École alsacienne, excellent lycée d'élite [privé] du VIe arrondissement, je me croyais, à l'énoncé de chaque nom, dans une réunion du conseil national du PS ! Tous les courants étaient représentés par leur descendance[1] ! » Quant aux enseignants, ils sont les mieux placés pour savoir utiliser leur connaissance de l'état du système scolaire : ce sont les champions de la dérogation, 16,3 % de leurs enfants étant scolarisés hors de la carte scolaire. Depuis trente ans, c'est la seule catégorie dont la mobilité sociale ait progressé, ainsi que le montre la part qu'elle occupe aujourd'hui dans les grandes écoles, où la présence d'élèves issus des couches populaires a chuté.

Cette hypocrisie a longtemps été masquée aux yeux de ses victimes populaires par la distribution de diplômes, monnaie de singe scolaire qui fait de moins en moins illusion. L'accession à l'enseignement

1. Guy Konopnicki, *La Gauche en folie*, Balland, 2003.

secondaire, l'obtention du baccalauréat et même l'entrée à l'université ont perdu de leur valeur sociale au fur et à mesure qu'elles devenaient des « droits ». Le redoublement ne vient plus sanctionner les manques d'acquisition, puisque le passage de classe en classe devient quasi automatique. Quant aux notes, elles font aussi l'objet d'une gestion de masse et sont « remontées » en fonction des circonstances[1] pour assurer la distribution des diplômes de base, de plus en plus dévalorisés. Les universités ne donnent plus l'illusion de l'ascension sociale aux enfants des classes populaires qui y parviennent avec difficulté pour constater, à la fin d'une course épuisante et coûteuse, la « baisse du rendement social des diplômes » : « Il faut sans cesse des études plus longues pour accéder à la même position dans la hiérarchie professionnelle[2]. »

En revanche, les diplômes qui comptent, décernés par les grandes écoles dont les élèves, par surcroît, sont souvent payés, ne subissent ni bricolage démagogique ni dévalorisation : ceux-là ne sont pas de la poudre aux yeux, mais régulés par un *numerus clausus*

---

1. Les résultats du baccalauréat 2003 en ont fourni une illustration voyante, le « réglage » ayant sans doute été un peu trop poussé : malgré deux mois de grèves, ce fut le meilleur taux de réussite depuis 1968 (plus de 80 %).

2. Louis Chauvel, « La seconde explosion scolaire : diffusion des diplômes, structure sociale et valeur des titres », *Revue de l'Observatoire français des conjonctures économiques*, juillet 1998.

ou par différentes formes de sélection auxquelles les enfants du peuple sont aujourd'hui moins préparés qu'hier par le système scolaire, handicap que les initiés surmontent, eux, grâce à la multiplication de coûteuses classes de préparation privées (qui, à Paris, obtiennent désormais les meilleurs résultats). Et les grandes écoles, qui ne scolarisent que 6 % des étudiants, ne sont pas concernées par la misère universitaire : elles reçoivent 12 % des sommes affectées par l'État. « Pour le dire de manière schématique, les différentes fractions de la "bourgeoisie française" – que ce soit la noblesse d'État pour l'ENA et l'École de la magistrature, la bourgeoisie économique pour les grandes écoles d'ingénieurs ou de commerce, ou la bourgeoisie intellectuelle pour les écoles normales supérieures ou les écoles d'art (Femis, conservatoires dramatiques, Écoles du Louvre et du patrimoine) – ont su, au cours de ces quinze dernières années, maintenir leur précieux monopole au sein des grandes écoles et ont pu se protéger de toute concurrence de la part des enfants des classes moyennes et populaires[1]. »

Cette régression scolaire au détriment du peuple ne peut plus être cachée aux intéressés. En 1995, 59 % des Français estimaient que, pour « un enfant d'un milieu modeste, il est plus difficile qu'autrefois

1. Stéphane Beaud et Sylvie Beaud-Deschamps, « Regards croisés sur la démocratisation scolaire », *Mouvements,* novembre-décembre 2003.

d'accéder aux élites », ce que résumait à sa façon l'ouvrière licenciée du documentaire *Rêve d'usine,* de Luc Decaster, consciente que sa vie était compromise, mais aussi celle de ses enfants, exclus de « l'école des riches » : « Partout, on retourne en arrière. »

Les enfants issus de l'immigration sont les premières victimes de cette évolution, que ce soit par l'échec technique dans les quartiers-ghettos où la concentration de handicaps outrepasse les capacités éducatives de l'enseignement commun, ou par l'incapacité de l'institution – due à l'indifférence ou au respect des différences – à garantir le pourtant très ancien droit de l'enfant à l'éducation. C'est le cas de ces jeunes filles d'origine turque ou maghrébine, bonnes élèves, qui disparaissent du jour au lendemain, à leurs quinze ans, pour être mariées de force, ou de ces élèves d'origine asiatique, brillants mais également retirés de l'école dès l'âge légal pour être mis au travail dans l'atelier familial. Ce souci de la différence n'est parfois plus très éloigné du regard colonial, dont il partage la conviction d'une fixité des destinées, comme le relate Mara Goyet au travers de nombreux exemples. Surpris avec un couteau de cuisine dans son sac, un élève n'est exclu qu'un seul jour parce que « en Afrique, le port de couteau est signe de virilité et que tout homme le conserve en permanence à son flanc ». Et quand elle se formalise qu'un élève crache à dix centimètres de ses chaussures en pénétrant en classe, des collègues l'affranchissent en lui affirmant que, « dans certaines régions du monde, il est tout à fait courant de cracher par terre, et que nous sommes particulièrement racistes et odieux en punissant ce genre de fait[1] ».

De moins en moins dissimulable, ce constat des bénéfices sociaux que l'élite tire du désastre scolaire incite cette dernière à faire diversion. D'où le thème, très moderne, de la « discrimination positive », qui représente le moyen le plus habile de ne rien changer à ses privilèges, comme le montre le fort éclairant exemple de la « réforme » de Sciences-Po-Paris.

La médiatique instauration, dans cette école de l'élite parisienne, d'un quota arbitraire de 10 % d'élèves (pourquoi 10 % et non 50 ou 80 % ?) prélevés dans quelques banlieues défavorisées après un entretien n'est qu'un alibi pour éviter de réformer l'un des recrutements les plus inégalitaires, dans lequel priment des critères liés à l'origine sociale. Ce recrutement, critiqué depuis longtemps, accorde en effet une place prépondérante à l'épreuve de langues vivantes, socialement la plus discriminante, et qui place d'emblée gagnants les enfants de l'élite couvés

1. Mara Goyet, *Collèges de France*, Fayard, 2003. Ce journal d'une jeune enseignante de banlieue constitue un témoignage accablant sur l'abandon pédagogique de certains enseignants. « Dans le VIIe arrondissement, j'étais vachement de gauche. Mais, ici, j'éprouve une sorte de réaction viscérale en face de ces gens de gauche qui organisent des voyages en Grèce à 3 000 balles pour ne pas se coltiner les enfants de pauvres... »

dans de coûteux stages linguistiques à l'étranger, et à la fameuse épreuve de culture générale, qui vérifie la possession communautaire des savoirs, des habitudes et de la tournure d'esprit des tribus des beaux quartiers parisiens. Mais ces deux épreuves, qui illustrent jusqu'à la caricature cette « distinction sociale » de classe décrite par Pierre Bourdieu, n'ont jamais été remises en cause par l'actuel directeur de Sciences-Po, modèle pour la gauche moderne et décoincée[1]. Alors que l'allongement de la durée des études, passée de trois à cinq ans, ne peut en revanche que renforcer l'élitisme, déjà extrême, du recrutement : 81 % des élèves proviennent de milieux favorisés, contre 12,5 % pour les classes moyennes et populaires (0,5 % d'enfants d'ouvriers). De même, la récente réforme du financement de Sciences-Po confirme que sa direction n'envisage pas de bouleverser la sociologie de ses promotions, puisqu'elle a décidé de financer 20 % de son budget par des droits d'inscription élevés demandés aux parents fortunés. C'est faire reposer l'équilibre financier à venir de Sciences-Po sur la stabilité de la grande inégalité sociale de ses élèves.

1. *Le Monde*, qui a souligné « l'extraordinaire audace » de sa réforme, lui a décerné le diplôme d'« agitateur », relevant que « certains apprécient son "look moderne", lui rendant grâce d'avoir fait financer par Sciences-Po le char d'une association gay et lesbienne à la *Gay Pride* » (« L'agitateur de la rue Saint-Guillaume », *Le Monde*, 7 octobre 2003).

On perçoit aisément l'intérêt d'un quota pour exclus : cela permet, moyennant une petite entorse « publicitaire » concernant une poignée d'élèves, de maintenir le monopole massif d'une élite sociale sur une école dont les classes populaires sont en fait exclues. L'habileté a consisté à présenter cette ruse comme une réforme progressiste, attaquée par la droite et approuvée par une majorité des enseignants. À l'exception de deux d'entre eux, pourtant bien à gauche. Patrick Weil a dénoncé un « faux modernisme » : « Cette réforme est conservatrice. On a ici fait le choix d'un zeste de diversité pour maintenir le système de ségrégation. On a "changé" pour que rien ne change[1]. » Et Jacques Généreux n'y a vu que le « cache-sexe du renoncement à une vraie justice » : « Il s'agit seulement de développer les correctifs nécessaires pour rendre socialement supportable un système économique et social structurellement inégalitaire[2]. »

La presse a prêté beaucoup moins d'attention à la méthode, plus « traditionnelle » – mais surtout plus coûteuse et plus contraignante –, de la mise à niveau. L'Essec a ainsi mis en place, avec quatre lycées de la banlieue nord-ouest (deux à Cergy-Pontoise, un à Argenteuil, un à Sartrouville), un programme de

1. Patrick Weil, « La crise du principe d'égalité dans la société française », *Recherche socialiste*, juin 2003.

2. Jacques Généreux, *Quel renouveau socialiste ?*, Textuel, 2003.

tutorat et de rattrapage pour des élèves qui reçoivent, dès la seconde, un « complément de formation » destiné à leur donner le niveau nécessaire pour accéder en classes préparatoires et viser le concours d'entrée. Même méthode méritocratique à Sciences-Po-Aix-Marseille, qui a organisé, avec le prestigieux lycée Thiers de Marseille, une classe préparatoire dotée de moyens supplémentaires pour permettre à des jeunes de quartiers défavorisés d'atteindre le niveau du concours, comme les autres. Ce que racontent les élèves d'origine algérienne, malgache ou tunisienne qui ont bénéficié de ce système plus républicain semble pourtant très instructif. Ils disent avoir découvert, dans le bon lycée qui les a pris en charge, un traitement auquel ils n'avaient pas eu droit auparavant : discipline, méthodes de travail, rigueur, enseignants compétents, dévoués et motivés. Ce qui les autorise à parler aujourd'hui avec beaucoup de lucidité de leur expérience antérieure de l'école : « On cherche à nous divertir plutôt qu'à nous élever. On a fait de l'école un lieu où on tapote sur un ordinateur. C'est nul, cette idée qu'il faut apprendre en jouant : on a l'impression, justement, qu'on nous prend pour des nuls. Il faut oser dire qu'il y a de mauvais profs, qui enseignent mal[1]. » Des témoignages qui inciteraient à penser que la brutale formule américaine du *busing* scolaire (échange

1. *Le Figaro*, 19 mai 2003.

d'élèves entre écoles de quartiers bourgeois et de quartiers sinistrés), à laquelle aucun penseur du PS n'a jamais songé, présenterait le double avantage d'offrir plus de chances à certains enfants et de révéler à beaucoup de défenseurs du système scolaire qui s'en octroient les meilleurs parcelles ce qu'il est devenu en maints endroits : devoir y plonger leurs rejetons les convaincrait sûrement de l'urgence d'un « grand débat sur l'éducation » pour revoir tout cela…

La destruction de la méritocratie scolaire, qui réduit les possibilités de promotion des enfants du peuple, concourt, comme l'affaiblissement de la démocratisation culturelle, au ralentissement de la mobilité sociale que connaît la France depuis une vingtaine d'années. L'effet de cette démolition est renforcé par le culte national du diplôme, qui veut qu'un titre gagné en quelques années dans une école de plus en plus inégalitaire vaille rang social pour toute la vie. La mobilité interne s'est également ralentie : on rencontre aujourd'hui beaucoup moins d'employés ou d'ouvriers devenus cadres que par le passé.

Le retour à l'étanchéité et à l'hérédité sociales assigne ainsi le peuple à résidence dans une société où les inégalités regagnent du terrain. Car il faut considérer ce fait paradoxal, mais très simple : c'est aussi sous le règne de la gauche que s'est produite cette remontée des inégalités.

Au cours du XXe siècle, en France, le pouvoir d'achat des salariés a été multiplié par cinq, et, tout au long des Trente Glorieuses, les situations matérielles des classes sociales n'ont cessé, tout en progressant, de se rapprocher. Sous le giscardisme, l'inflation a permis aux employeurs de récupérer une partie des avantages concédés par les accords de Grenelle, qui avaient scellé les conquêtes du Mai 68 ouvrier. Mais c'est sous la gauche que le processus régulier d'égalisation des revenus s'est interrompu : « La réduction des inégalités a été rapide dans les années 70, avant de se ralentir dans les années 80, puis de cesser pratiquement dans les années 90[1]. »

Les inégalités se sont remises à croître dans les années 90. Mettant fin au cercle vertueux associant croissance et redistribution interne durant les Trente Glorieuses, les délocalisations ont infligé à la classe ouvrière un autre partage de la valeur ajoutée, imposé par la mondialisation, mais la gauche n'a pas compensé cette perte par une modification de la répartition économique interne, très favorable aux revenus du capital. Celui-ci a pris sa revanche sous le mitterrandisme, après une décroissance constante sous le gaullisme et le giscardisme. « Après vingt-cinq

1. Jean-Michel Hourriez et Valérie Roux, « Vue d'ensemble des inégalités économiques », INSEE, Direction des statistiques démographiques et sociales.

années d'érosion de la part revenant au capital, de 37,8 % de la valeur ajoutée en 1950 à 28,3 % en 1980, les vingt dernières années du siècle auront été celles de la "revanche", puisqu'en 1998 cette part est désormais de 39 %, contre 61 % pour le travail », rappelle l'historien de l'économie Jacques Marseille, qui insiste sur ce constat essentiel que les thuriféraires du mitterrandisme s'obstinent à ne pas voir : « Difficile de trouver dans l'histoire de la France une période aussi favorable à "l'argent"[1]. » Quelques chiffres oubliés résument ce socialisme de l'« argent fou » : « Alors que le cours moyen des actions françaises était au plus bas en 1980, trois fois inférieur au niveau de 1950 et deux fois inférieur à ce qu'il était en 1970, il était, en 1995, près de sept fois supérieur à celui de 1980. Une hausse vertigineuse qui n'a pas son équivalent dans l'histoire longue du capitalisme français. Durant les années 1980-1995, véritable âge d'or du rentier – de celui "qui s'enrichit en dormant", selon l'expression de François Mitterrand –, la valeur des actions et autres participations dans le portefeuille des ménages sera passée de 452 milliards de francs en 1980 à 5 390 milliards en 1995, et l'ensemble de leurs actifs financiers de 2 905 milliards à 14 356 milliards. »

En revanche, le salaire annuel ouvrier a progressé dix fois moins vite sous la gauche que sous le gaullisme et le giscardisme. Le pouvoir d'achat du salaire ouvrier,

1. Jacques Marseille, *L'Histoire,* avril 2001.

qui s'accroissait à un rythme moyen de 3,5 % par an entre 1965 et 1975, ne progresse plus que d'un maximum de 0,3 % l'an entre 1985 et 1995. Seuls les cadres voient alors leur pouvoir d'achat augmenter. C'est l'un des aspects les plus sombres de l'« inventaire » du mitterrandisme : la France figurait en 1995 parmi les pays les plus inégalitaires de l'OCDE, les 10 % de Français les plus riches accaparant 25,1 % du revenu et n'en laissant que 2,8 % aux 10 % les plus pauvres.

Selon l'OCDE, le revenu net de l'OS célibataire français, désormais loin derrière celui de l'OS allemand, espagnol ou belge, ne devance plus en Europe que celui de l'OS portugais ou grec. À qualification égale, cette chute des bas salaires français en queue du peloton européen concerne aussi les ouvriers qualifiés, les manœuvres du bâtiment, les mécaniciens auto, les chauffeurs d'autobus et les secrétaires, certains venant frôler les revenus minimaux stabilisés par la redistribution sociale. Le petit peuple s'est paupérisé, comme si l'on avait voulu réactualiser le pronostic de Marx : la part des très bas salaires est passée de 5 à 10 % entre 1983 et 1997.

Pour la première fois depuis 1945, les inégalités ont recommencé à croître dans les années 90 : la distance sociale entre cadres et ouvriers, qui s'était réduite dans les années 60 et 70, s'est maintenue dans les années 80 et a recommencé à se creuser dans les années 90. Ces évolutions furent d'autant plus fortement ressenties que les bas salaires ont été beaucoup plus affectés par le développement du chômage et du travail à temps partiel contraint, tandis que les ménages de cadres à double salaire ont été fiscalement incités à « consommer » le travail d'autrui (services domestiques, aides à domicile, services de proximité).

À cette époque où se cumulent taux d'intérêt élevés, logements chers, chômage important et diverses réductions fiscales pour les hauts revenus, le pouvoir d'achat des riches augmente tandis que celui des revenus salariés stagne ou baisse. La progression des inégalités de patrimoine a ainsi été plus forte que celle des inégalités de salaire : alors que le pouvoir d'achat du salaire moyen ouvrier n'a progressé que de 5 % en dix ans (de 1990 à 2000), les biens des tranches les plus élevées du patrimoine se sont accrus de 25 % dans la même période, ce qui, fait remarquer Louis Chauvel, rapproche, dans les faits sinon dans les discours, l'expérience Mitterrand de celle de Reagan.

Et, comme souvent lorsque les faits déçoivent – ainsi qu'on l'a déjà vu avec l'école ou l'insécurité –, la connaissance de ceux-ci diminue : alors qu'elles se creusaient à nouveau, les inégalités devenaient de plus en plus difficiles à mesurer. L'un des outils administratifs les plus performants en la matière, le Centre d'études des revenus et des coûts (CERC), a été supprimé en 1994 par Édouard Balladur sous les protestations de la gauche, qui, revenue au pouvoir en 1997, s'est empressée de ne pas le recréer. Thomas Piketty, l'un des rares économistes à travailler sur les inégalités, se plaint des difficultés – qui ne sont pas simplement d'ordre technique – d'accès à l'information officielle en matière d'inégalité de revenus, de même que Louis Chauvel : « La richesse des informations sur les salaires tranche avec la faible qualité des données portant sur les stock-options ou plus généralement sur le patrimoine [...] les administrations compétentes ayant réduit l'information divulguée[1]. »

Malgré cette opacité croissante concernant l'accroissement des inégalités de richesses, les Français ont bien ressenti le renversement de tendance qui est venu stimuler le développement des inégalités. Les enquêtes d'opinion le montrent. Alors que, dans les sondages Sofres de 1976 et de 1983, une majorité d'entre eux estimaient que « les distances entre les différentes couches de la société [avaient] plutôt tendance à diminuer », en 1994 la majorité pense au contraire qu'elles « ont tendance à augmenter ». Et si les élites françaises restent très discrètes sur ce renversement, les observateurs extérieurs l'oublient moins souvent lorsqu'ils font le bilan du mitterrandisme. L'un des spécialistes américains de la France, Ezra Suleiman, estime ainsi que « le Front populaire, Pétain et de Gaulle ont davan-

1. Louis Chauvel, « Le retour des classes sociales ? », *Revue de l'Observatoire français des conjonctures économiques*, octobre 2001.

tage bravé les structures élitistes que la gauche après 1981[1] ».

En raison de la diminution des informations disponibles, le bilan du gouvernement Jospin sur cette question est plus difficile à établir. Selon l'INSEE, malgré la reprise de la croissance à la fin des années 90, les inégalités sont restées stables, mais les 5 % de Français les plus riches ont continué à s'enrichir. En association avec des chercheurs et des syndicalistes, le mensuel *Alternatives économiques* a créé un réseau d'alerte sur les inégalités qui s'efforce de refaire une partie du travail du CERC en compilant et en synthétisant les statistiques de ministères et d'institutions officielles. Il en ressort que le sort des très pauvres n'a guère progressé : les 20 % de Français aux plus bas revenus (chômeurs, jeunes, travailleurs à temps partiel), qui gagnaient moins de 570 euros par mois en 1996, en gagnent moins de 630 en 1999, alors que le nombre des personnes assujetties à l'impôt sur la fortune a presque doublé, passant de 130 000 au début des années 90 à 250 000 à la fin de la décennie. Enfin, en dix ans, le patrimoine moyen des 3 000 plus gros possédants est passé de 12 à 20 millions d'euros, soit près de 50 % de progression.

Thomas Piketty estime ainsi que, malgré la présence de la gauche au gouvernement, s'est réamorcée en France une concentration du patrimoine

1. Ezra Suleiman, *Les Ressorts cachés de la réussite française*, Seuil, 1995.

avec création de rentiers, phénomène non seulement moralement condamnable (a fortiori sous la gauche) par son aspect inégalitaire, mais économiquement néfaste. L'instauration de l'impôt sur le revenu en 1914, qui entraîna une déconcentration du capital en France, a démontré, par son effet bénéfique entre les deux guerres, que les immenses fortunes n'étaient pas un facteur de croissance : mieux vaut du capital plus disséminé entre les mains de gens qui ont des idées et qui prennent des risques. Chaque génération doit ainsi faire ses preuves, et l'histoire économique montre que la lutte fiscale contre les concentrations de capitaux incite les rentiers incompétents à s'en séparer au profit d'entrepreneurs plus performants[1].

Rien de tel pour la gauche française. Le Parti socialiste a persisté à privilégier la baisse de l'impôt sur le revenu pour les classes moyennes supérieures, tout en secourant à coups de prestations d'« autonomie » les plus démunis, exclus du monde du travail. Entre ces deux mâchoires, les ouvriers et employés qui travaillent mais s'en sortent mal se sont sentis les oubliés d'un gouvernement qui n'aura d'ailleurs jamais eu aussi peu de relations avec les syndicats. Malgré cela, certains, au Parti socialiste, s'étonnent encore que le score électoral de Lionel Jospin ait

1. Thomas Piketty, *Hauts Revenus en France au XXe siècle : inégalités et redistributions, 1901-1998*, Grasset, 2001.

augmenté chez les cadres, mais se soit effondré de moitié chez les ouvriers.

Dans une société complexe et ouverte, la question des inégalités ne peut se réduire à des simplismes inapplicables – et inappliqués – comme au temps de l'union de la gauche. La politique fiscale constitue un moyen souple et précis de réguler de façon égalitaire l'économie de marché sans remettre en question son dynamisme. Éric Dupin en fait le constat : « La gauche française s'est révélée, à l'épreuve des faits, moins audacieuse que les social-démocraties d'Europe du Nord dans les années 80[1]. » La fiscalité est un ressort politique essentiel de ces sociétés qui ont l'avantage sur la France d'être beaucoup moins inégalitaires, d'avoir des économies performantes et d'engendrer un chômage bien moindre.

Le débat traditionnel de toute gauche – quelle répartition des richesses ? – semble abandonné. Qu'auront laissé, dans ce domaine, les cinq ans de jospinisme ? Rien, excepté la couverture maladie universelle (CMU), qui relève moins de la problématique des inégalités que de l'instauration d'un niveau minimal de survie, en accompagnement du RMI. Cette traduction de la notion de charité (plutôt de droite) paraît faire le deuil de l'ancien programme de

1. Éric Dupin, *Sortir la gauche du coma. Comprendre les racines d'un désastre*, Flammarion, 2002.

réduction des inégalités : la société est immuable ; chacun est à sa place ; il faut se contenter d'aider ceux qui tombent. Sur cette question, Lionel Jospin, plusieurs mois après sa défaite à la présidentielle de 2002, a esquissé une autocritique, dans son registre habituel qui affectionne la litote : « Comment parvenir à une plus juste répartition des revenus dans une économie aussi ouverte que la nôtre ? Sur ces sujets clefs, les socialistes peuvent sans doute être plus audacieux que nous ne le fûmes[1]. »

Le ralliement de fait du Parti socialiste à l'économie de marché, jamais franchement assumé, semble avoir – sans plus de discussion – escamoté la lutte contre les inégalités. À tel point que ce thème a disparu de la plupart des prises de position du PS, ainsi qu'on a pu le voir à l'occasion de la question de l'avenir des retraites, sur laquelle les socialistes furent inactifs lors de leur passage à Matignon et gênés (et divisés) dans leur opposition à la réforme proposée par Jean-Pierre Raffarin. Or le temps perdu par la gauche au pouvoir ne pouvait qu'accroître les inégalités, comme aujourd'hui le maintien du statu quo : plus le temps passe, plus le poids croissant des retraités va peser sur le système par répartition, entraînant une baisse sensible du niveau des pensions ; ne s'en sortiront alors que ceux qui pourront se payer un système de capitalisation. Et, dans ce

1. Lionel Jospin, « Être utile », *Le Monde*, 1er février 2003.

domaine, le slogan démagogique d'égalité formelle (« la retraite pour tous à 60 ans ») n'est qu'un leurre attentiste dont l'effet – inégalitaire – est de figer des situations qui n'ont rien de comparable entre secteur privé et secteur public, comme entre espérances de vie selon les métiers. En la matière, l'immobilisme, qui est apparemment la ligne du Parti socialiste, favorise l'accroissement des inégalités : inégalités entre les pauvres et les riches qui ne pâtiront pas de la dégradation des pensions (ils ont déjà souscrit des assurances privées) ; inégalités au profit de la génération des quinquagénaires, qui, déjà bénéficiaire des Trente Glorieuses, exige par-dessus le marché que sa retraite confortable soit financée par la génération suivante, moins favorisée et plus précaire.

La gêne ou l'indifférence des socialistes[1] à l'égard de la remontée des inégalités sont telles que ses aspects les plus indécents, les plus caricaturaux – par exemple, l'inflation vertigineuse des salaires des grands patrons –, les ont laissés sans voix, alors qu'ils avaient dénoncé avec énergie la décision de Jean-

1. À l'exception notable et récente de Dominique Strauss-Kahn, qui, redécouvrant que « le programme historique du socialisme, c'est la redistribution », propose de « rendre le système fiscal plus redistributif » et va jusqu'à ajouter que « l'impôt sur le revenu, compte tenu des abattements et des aménagement divers, est dérisoire et plus faible qu'aux États-Unis » (« Combattre les inégalités, un chemin pour la France », colloque « À gauche en Europe », 22 novembre 2003).

Pierre Raffarin d'augmenter de 37 % la rémunération des ministres pour compenser la suppression des fonds secrets.

Les patrons des entreprises du CAC 40 gagnent en moyenne 2 millions d'euros par an et se sont accordé une augmentation de 20 % en 2001 et de 36 % en 2000, selon une étude de l'European Corporate Governance Institute de Bruxelles[1]. Dans le même temps, leurs entreprises perdaient 20 milliards d'euros !... Les vingt premiers patrons français touchent chacun entre un et quatre siècles de SMIC, tandis qu'après trente-cinq ans d'ancienneté un salarié de Metaleurop perçoit 15 000 euros d'indemnité de licenciement. Comme le soulignent certains milieux d'affaires, ces sommes n'obéissent plus à aucune rationalité économique : « Le ratio salaire maximal sur salaire moyen a été multiplié par trente en dix ans, pour atteindre le chiffre effarant de 200, alors que le bon rapport ne doit pas dépasser 20, suivant l'avis des expert en management[2]. »

Au-delà de la question sociale (ces sommes énormes pèsent peu dans la masse des revenus), les chiffres atteints aujourd'hui par ces salaires – mirobolants aux yeux du peuple – heurtent plutôt la morale :

1. Airy Routier, « L'argent des patrons : la folle dérive », *Le Nouvel Observateur*, 10 juillet 2003.

2. Michel Le Net, président du Cercle d'éthique des affaires, *Le Monde*, 19 novembre 2003.

ils pulvérisent la notion de travail et mettent en danger l'idée même d'une société de semblables. « Où est l'égalité des chances quand un ouvrier consciencieux, qualifié, impliqué à fond dans son travail, perçoit un salaire deux cents fois inférieur à celui de son PDG[1] ? » Philippe Labarde et Bernard Maris relèvent que, parallèlement à l'explosion de ces salaires extrêmes, sont apparus, avec des gains énormes, des jeux fondés non plus sur le hasard, mais sur des épreuves adaptées au peuple : « Ce n'est plus “Questions pour un champion”, où l'on mérite de gagner (assez peu), mais “Qui veut gagner des millions ?”, où l'on offre une somme fastueuse à un nigaud soigneusement sélectionné qui répond à des questions bien inférieures au certificat d'études. Vous voyez bien que le Destin choisit aussi les pauvres ! À l'ascension sociale s'est substituée la main de Dieu[2]. »

La nouveauté tient non pas seulement au niveau des sommes versées aux patrons, déconnectées de toute rationalité économique – et qui augmentent même quand les actionnaires perdent de l'argent –, mais aussi à leur publicité, qui rompt avec les pudeurs bourgeoises d'antan. Aujourd'hui, un patron n'est pas gêné de dire qu'il gagne 1,5 million d'euros par an dans une société où d'autres doivent vivre pendant trente ans avec le

1. Jacques Généreux, *Quel renouveau socialiste ?*, Textuel, 2003.
2. Philippe Labarde et Bernard Maris, *Malheur aux vaincus,* Albin Michel, 2002.

SMIC. Un grand patron n'est pas gêné d'augmenter son salaire de 50 000 euros par an au moment même où il prépare un plan de 4 000 licenciements.

Si le Parti socialiste a du mal à s'émouvoir de ces situations indécentes, c'est peut-être parce que certains de ses dirigeants se sont réconciliés au-delà du nécessaire avec le monde des affaires, au point, pour plusieurs et non des moindres, d'en avoir fait le lieu de leur « retour à la base », notamment quand les électeurs les ont remerciés ou qu'ils n'osent plus se présenter devant eux. Les dirigeants socialites ne se sont pas formalisés de voir Martine Aubry passer par la direction générale adjointe de Pechiney, Christian Pierret, par la vice-présidence du groupe hôtelier Accor, Jean-Paul Huchon rallier le groupe Pinault, Frédérique Bredin rejoindre le groupe Lagardère, ou Henri Nallet offrir aux Laboratoires Servier sa connaissance du vaste monde et les contacts qu'il y a nouées en tant que secrétaire du Parti socialiste aux affaires internationales. Pour un patron, il est aujourd'hui très chic, et souvent utile, d'avoir un combattant socialiste dans son organigramme.

En attendant de « tourner la page du libéralisme », certains ont poussé très loin cette mise à disposition du patronat de leurs compétences ou de leur image, comme Jean-Christophe Cambadélis, ex-numéro deux du PS. Son profil de fondateur et président du Manifeste contre le Front national et d'acteur de premier plan de la vigilance antifasciste contre Le Pen avait intéressé un ancien membre du FN, patron d'un organisme de gestion de foyers pour travailleurs immigrés qui offrait des conditions d'hébergement lamentables à ses pensionnaires : il proposa au dirigeant socialiste, qui l'accepta, un salaire un peu trop fictif qui valut à ce dernier une condamnation à 100 000 francs d'amende et cinq mois de prison avec sursis. Le procès permit d'apprendre que le « taulier », qui avait parfois des soucis avec des comités de résidents mécontents de ses prestations, avait ainsi souhaité « s'attacher les services d'un homme d'influence », justifiant par « la position importante de monsieur Cambadélis dans un parti politique, ses relations, sa connaissance du monde de l'immigration », l'intérêt d'obtenir, à l'occasion de quelques déjeuners, les conseils « intéressant l'habitat social » d'un expert apte à « revaloriser son image et [à] lui ménager des appuis et son influence[1] ».

Où l'on voit que, si la gauche est une valeur qui a chuté pour le peuple, sa cote s'est bien maintenue dans toutes sortes de milieux dirigeants, comme le confirme à sa façon Jean Glavany, ancien ministre de l'Agriculture de Lionel Jospin et ex-responsable de la campagne de ce dernier, qui n'a pas hésité à entrer, au côté d'Alain Minc, dans le comité chargé de la

1. Denis Collin et Jacques Cotta, *L'Illusion plurielle. Pourquoi la gauche n'est plus la gauche ?*, Lattès, 2001.

« réflexion stratégique » du groupe Bolloré : « Ils voulaient juste un mec de gauche dans ce comité stratégique. J'ai dit d'accord[1]. »

1. *Libération*, 9 janvier 2003.

VIII

L'AVEUGLEMENT EST UNE DIALECTIQUE

Où l'on comprend qu'à force de ne plus vouloir voir le peuple l'élite de gauche ne voit plus rien du tout, parce qu'elle vit désormais à l'abri du peuple.

> *« Le socialisme bourgeois atteint son expression adéquate seulement lorsqu'il devient une simple figure de rhétorique. »*
>
> KARL MARX

Le quiproquo de la réforme des 35 heures restera le symbole de l'aveuglement d'une classe politique de gauche oubliant le peuple à force de ne penser qu'à ses semblables. L'on s'est peu attardé sur l'objectif initial – créer des emplois –, guère atteint et qui ne pouvait l'être puisque ces accords censés « partager le travail » prévoyaient de le compresser par des gains de productivité importants dans un pays qui figure déjà parmi les premiers d'Europe pour la productivité horaire. Ce sont surtout les effets néfastes de cette « grande avancée sociale » pour les salariés les plus modestes qui ont retenu l'attention.

Le patronat l'ayant avantageusement négociée contre un quasi-gel des salaires et une assez large liberté dans son application, cette réforme s'est traduite pour des millions de salariés par une intensification du travail et par une baisse des revenus du fait de la disparition (ou de la réduction) des heures supplémentaires, dont l'importance fut sous-estimée. Ainsi, chez Peugeot, à Mulhouse, la perte a pu s'élever à 100 euros par mois pour certains ouvriers[1]. Dans les secteurs peu syndiqués, les patrons en ont profité pour augmenter la pression au travail en réaménageant les horaires, en supprimant quelques avantages antérieurs (pauses comprises dans le temps de travail), en usant des RTT comme variable d'ajustement, ou en plaçant les heures libérées au mieux de leurs intérêts, parfois même en plein milieu de la journée de travail. Les 35 heures ne sont pas étrangères au sort de leur inspiratrice, Martine Aubry, éjectée de son siège de députée dans cette circonscription du Nord qui lui avait été obligeamment cédée.

Ce fut donc le malentendu de la brioche et du pain. « Les travailleurs réclamaient leur part de la croissance sous forme de gains substantiels de pouvoir d'achat

1. « Le bug des 35 heures », *Liaisons sociales*, mars 2000.

plutôt que sous celle d'un gain de temps libéré du travail, certes, mais non rémunéré, et d'une nouvelle organisation du travail qui servait le patronat », conclut Paul Yonnet, qui tire la morale politique de cette méprise : « Les décideurs qui ont pensé un tel système, innervé en profondeur par la théorie de la "fin du travail", ont raisonné à la manière de chefs d'entreprise, comme si les salariés comptaient dans les mêmes termes que les chefs d'entreprise, comme si leur position dans l'appareil de production était la même[1]. »

Que les concepteurs des 35 heures n'aient pas prévu – ou, pis, aient négligé – le fait que leur réforme entraînerait une détérioration de la situation sociale du salariat faible montre à quel point le sort du peuple a disparu de leurs préoccupations, ainsi que l'exprime Jacques Généreux, qui les connaît bien pour les côtoyer au Parti socialiste : « La culture postmoderne ou postmatérialiste qui nourrit l'écologie depuis les années 70 et, plus récemment, la critique de la valeur travail est une culture de classes supérieures et intellectuelles qui peuvent d'autant plus aisément dénoncer l'obsession du travail, de l'argent et de la consommation de biens matériels qu'elles n'en ont jamais été privées. Ces hérauts du temps libre et de la vie aux champs peuvent-ils décemment sermonner

1. Paul Yonnet, « Les incertitudes du temps libre », *Le Débat*, septembre-octobre 2002.

des ouvriers qui se réjouiraient de faire des heures supplémentaires en décembre pour pouvoir faire des cadeaux de Noël à leurs enfants[1] ? »

Cet échec était non seulement prévisible, mais prévu. Il est significatif – et très symbolique – que l'avertissement d'un Daniel Mothé ait été ignoré. Figure militante des années 60, cet ancien ouvrier de chez Renault, membre de « Socialisme ou barbarie », puis cadre à la CFDT et sociologue, fut célèbre à gauche pour ses ouvrages sur la condition ouvrière[2]. Lui avait vu et dénoncé l'« ambiguïté » de la thématique de la lutte contre le chômage par la réduction du temps de travail, y décelant un « glissement de la solidarité vers l'intérêt » : « Le mot "solidarité" a été remplacé par celui de "flexibilité" pour les patrons, et par celui d'"avantages acquis" et de "supplément de bien-être"pour les salariés », notait-il dans un lumineux petit livre ignoré de tous mais où il constatait, dès 1999, que « l'objectif initial de cette loi – réduire le nombre des chômeurs – n'ayant eu que peu d'effets jusqu'à présent, beaucoup se sont retournés vers l'objectif secondaire, celui du bonheur des salariés. On est passé de la préoccupation du chômage au confort de ceux qui ont un emploi [...]. C'est ainsi que l'on a

1. Jacques Généreux, *Quel renouveau socialiste ?*, *op. cit.*

2. Daniel Mothé, *Journal d'un ouvrier*, Minuit, 1958, et *Les OS*, Le Cerf, 1972.

progressivement perdu de vue l'objectif de la loi, qui était de résoudre le malheur des pauvres, pour discuter des avantages que les autres pouvaient tirer de l'opération » : « vacances de ski, vacances à la mer, voyages exotiques[1] ». Ces « autres » constituent précisément ce qui est devenu le « noyau dur » du Parti socialiste.

Il est saisissant de relire, au regard de l'analyse précoce de Daniel Mothé, ce qu'écrivait trois ans plus tard le « sociologue » chargé de rédiger un « Rapport sur les effets des 35 heures sur les temps non travaillés » pour le ministère des Affaires sociales, alors occupé par Élisabeth Guigou en remplacement de Martine Aubry, qui l'avait abandonné pour aller préparer sur le terrain les élections municipales lilloises. Dans ce rapport titré « Le sacre du temps libre », les 35 heures ne sont considérées que du point de vue de ces « autres », un peu rapidement assimilés à la totalité des « Français » : « La France terrienne, gouvernée de Paris, cède peu à peu à la France ludique et ouverte sur l'extérieur [...]. Se dessine en filigrane une attirance croissante des Français pour les lointains, avec en contrepoint une érosion de la destination européenne [...]. Plusieurs millions de Français vivent entre deux maisons, suivant un modèle ancien que renforcent les liaisons de TGV. » Cet hymne au temps libre des Français qui ont le loisir et les moyens de

1. Daniel Mothé, *Le Temps libre contre la société*, Desclée de Brouwer, 1999.

voyager sans cesse n'accordait que quelques lignes aux « grand perdants de cette réorganisation du temps de travail », les « ouvriers non qualifiés », soit autant de place qu'aux désagréments des cadres qui « se plaignent de devoir maintenant faire une partie du travail de leurs assistantes » ! On comprend qu'à la lecture d'une telle enquête sur les 35 heures Élisabeth Guigou, « découvrant ce que les Français en ont fait, les manières dont une très grande majorité d'entre eux, en particulier les plus modestes, ont pu améliorer leur vie », ait pu conclure que « le temps libre est devenu le cœur de nos emplois du temps », et que, grâce à cette réforme, les Français ont « changé la vie, changé leur vie[1] ». Cette prose, qui rappelle la rhétorique politique des pays de l'Est, a été rédigée alors même que de nombreuses enquêtes financées par le ministère du Travail en 2000 et 2001 avaient établi l'effet négatif des 35 heures pour les ouvriers et les employés. « Il y aurait une belle étude sociologique à faire sur la façon dont certains experts ont occulté des résultats qui ne correspondaient pas au point de vue du cabinet de Martine Aubry », note le sociologue du travail Michel Pialoux[2]. Mais l'auteur du rapport, finissant tout de même par concéder, en 2003, l'existence d'une fracture sociale dans l'appréciation des 35 heures, avait

1. Jean Viard, *Le Sacre du temps libre. La société des 35 heures*, préface d'Élisabeth Guigou, Éditions de l'Aube, 2002.

2. *Le Monde*, 23 octobre 2003.

déjà coupé court à toute discussion avec un argument indiscutable : « Très sensiblement, les avis changent suivant que l'on gagne plus ou moins de 1 300 euros par mois. Tout cela, on le sait. Et ne rouvrons pas le débat pour savoir si on pouvait faire autrement : c'est fait [...]. Même sous Pétain, on n'est pas revenu sur les 40 heures ni les congés payés[1]. »

Outre les ratés des 35 heures, qui ont fait des victimes, la gauche au pouvoir a aussi oublié que la réforme ne concerne encore que la moitié des salariés : si les deux tiers des firmes de plus de 20 salariés l'appliquent, ce n'est le cas que de 20 % des entreprises de moins de 20 salariés. Loin d'être résiduel, ce secteur défavorisé a même été dopé par la réforme : beaucoup de grosses entreprises, pour régler leurs problèmes de RTT sans embaucher, ont fait appel à la sous-traitance, qui a ainsi servi de variable d'ajustement. Les salariés de ce secteur sont les grands perdants de l'opération : avec la loi Fillon, la plupart ne sont pas près d'obtenir les 35 heures, et le bonus de leurs heures supplémentaires est fixé à 10 %, contre 25 % auparavant...

La France travaille de plus en plus « à deux vitesses » : « Il y a ceux qui partent en congés ou en week-end prolongé, et ceux qui les regardent partir »,

1. Jean Viard, « Le travail ne gouverne plus l'ordre social », *Libération*, 7 octobre 2003.

« ceux qui triment toute la semaine, font la queue aux caisses le samedi et vont grossir les embouteillages du mois d'août[1] ». Améliorant le sort des privilégiés[2] et compliquant celui des autres, la réforme des 35 heures a révélé l'existence de ces deux sociétés face au travail : l'une, confortable et visible, bénéficiant de la faveur des médias et des politiques ; l'autre, en difficulté et ignorée.

La même myopie sociale a conduit un gouvernement de gauche à célébrer l'arrivée de l'euro en donnant l'impression aux Français que son mérite principal était de faciliter leurs emplettes lors de leurs week-ends à Rome ou à Berlin. Renvoyant des millions de Français à « leur état de simples spectateurs de l'enthousiasme collectif entourant la naissance de la monnaie unique », cette désinvolture « les a dûment confirmés dans leur complexe de citoyens de seconde zone » : « ringards aux yeux des autres, de ceux qui savent et qui bougent », comme l'écrit même un journaliste économique réputé pour son orthodoxie libérale[3]. Celui-ci estime que la « véritable améliora-

1. Sandrine Foulon et Isabelle Moreau, « Une France qui travaille à deux vitesses », *Liaisons sociales*, juin 2003.

2. 85 % des cadres partent en vacances pour une durée moyenne de 34 jours, contre 56 % des ouvriers pour une durée moyenne de 21 jours (Alain Bihr, *Déchiffrer les inégalités*, Syros, 1995).

3. Philippe Manière, *La Vengeance du peuple. Les élites, Le Pen et les Français*, Plon, 2002.

tion de la vie », tant vantée à propos du remplacement du franc par l'euro, s'adresse aux élites : « Pour les Français qui ne quittent jamais la France, ou très rarement, la disparition du deutsche mark, de la livre irlandaise ou de la markka finlandaise ne constitue pas véritablement un événement majeur… Celle du franc, en revanche, est pour eux une authentique contrariété. À cause d'elle, il leur faut reconstituer une échelle de valeurs, raisonner sur des ordres de grandeur inédits. Une gymnastique pénible, source d'efforts et aussi d'angoisse. » Démonstration supplémentaire de ce que « certains changements décidés en haut lieu peuvent avoir de désagréable précisément pour ceux à qui ils rendent par ailleurs le moins de services ».

En sous-estimant l'importance de la fracture salariale qui se creuse en France, le Parti socialiste a fini par se comporter comme le représentant des intérêts de la partie protégée et favorisée du pays. Lionel Jospin aura même donné l'impression que ceux-là seuls l'intéressent : neuf mois après son échec électoral, faisant le point sur cet « engagement phare » de son programme que constituait l'instauration des 35 heures, il estimait que « ceux qui en ont bénéficié l'apprécient[1] ». Quand elle affleure, l'autocritique reste elliptique, comme celle qu'a esquissée Alain Bergounioux, l'un des rares théoriciens du Parti socia-

1. Lionel Jospin, « Être utile », *Le Monde*, 1er février 2003.

liste. Rappelant que les lois sur les 35 heures « avaient l'ambition de faire naître un mouvement de solidarité dans toute la société à l'égard de millions de chômeurs », il observe que, « cependant, leur application s'est heurtée à la complexité de la réalité sociale », et qu'en fin de compte elles ont « satisfait une partie des salariés » mais « déçu une autre partie ». On n'en saura guère plus[1].

Pourquoi les jeunes et modernes *pacsés* qui font du roller sur les berges de la Seine ont-ils à ce point éclipsé les chômeurs de Firminy et les largués de Moulinex dans les préoccupations de ce Parti socialiste qui dit incarner la gauche ? Pourquoi, échaudée par les nationalisations et l'autogestion, la gauche n'a-t-elle plus comme proposition concrète pour le monde du travail que d'« encourager l'épargne salariale », vieux projet gaulliste dénoncé à gauche, il y a quelques décennies, pour « collaboration de classes » et « corporatisme fasciste », et saboté à droite par Georges Pompidou, Jacques Chirac et Édouard Balladur, qui y voyaient une coupable naïveté du Général[2] ? Pourquoi, un an après le choc d'avril 2002, la Conférence nationale des entreprises du Parti socialiste a-t-elle rassemblé moins de 200 militants, comme s'il fallait confirmer par cette maigre assis-

1. Alain Bergounioux, éditorial, *Recherche socialiste*, mars 2003.
2. Louis Vallon, *L'Anti-de Gaulle*, Seuil, 1969.

tance le constat désolant qu'y fit François Hollande : « Le monde du travail a voté très loin de nous. Ou pas du tout pour nous » ?

Plutôt que de n'y voir que cynisme ou désinvolture, mieux vaut faire un peu de sociologie appliquée à ce qu'est devenu ce parti : par son histoire récente, et notamment les phénomènes de cour qui s'y sont installés durant le mitterrandisme, le renouvellement des générations au sein de cette institution militante a homogénéisé l'origine sociale de ses cadres et des membres de son état-major, pour la plupart issus de la haute fonction publique et de la bourgeoisie parisienne[1].

La composition sociale des adhérents du Parti socialiste confirme l'étroitesse sociale de ses dirigeants, puisque les seuls cadres supérieurs (20 %) y sont mieux représentés que les ouvriers et employés réunis (16 %), et que les actifs du secteur privé y sont minoritaires (42 %)[2]. Cet embourgeoisement social des adhérents, continu depuis une dizaine d'années, a été confirmé par le type de ceux qui y ont afflué après le 21 avril 2002. Auparavant lieu de formation et d'éducation populaire, le Parti socialiste devient un club de semblables. Le monde du travail – qui était déjà sous-représenté à la SFIO, excepté dans quelques

1. Monique Dagnaud et Dominique Mehl, *L'Élite rose*, Ramsay, 1988.

2. « Les adhérents socialistes en 1998 », *Cahiers du Cevipof*, n° 23.

grosses fédérations comme le Nord ou le Pas-de-Calais – était tout de même longtemps resté un souci, du fait de l'intimidation que l'allié communiste faisait peser sur les socialistes.

« Le Parti socialiste est un parti de gens heureux. Ils bénéficient des retombées de la mondialisation, des nouvelles technologies, d'un travail sûr », estiment Christian Baudelot et Michel Gollac au terme d'une enquête sur le travail indiquant que, pour beaucoup de Français, la « souffrance au travail » augmente[1]. « Le Parti socialiste manque de militants qui sachent ce qui se passe réellement dans les entreprises », ajoutent les deux sociologues, lesquels remarquent que, depuis le 21 avril, « aucun programme, aucun texte qui raisonne sur le thème du travail n'est sorti de ses rangs[2] ».

C'est parce que le Parti socialiste n'a plus l'expérience du monde du travail que lui a échappé la dégradation matérielle et morale des classes populaires, prises en tenailles entre la généralisation des dispositifs d'assistance pour les exclus et hors-travail et la tertiarisation de la société autour d'une classe moyenne chouchoutée par le giscardisme, le mitterrandisme et les budgets publicitaires. Tandis que même l'élite ouvrière se voit déconsidérée, que ses revenus régressent, comme le montre le cas symbolique des ouvriers qualifiés de

---

1. Christian Baudelot et Michel Gollac, *Travailler pour être heureux ? Le bonheur et le travail en France*, Fayard, 2003.

2. *Libération*, 19 avril 2003.

Peugeot[1], l'espoir de promotion au sein de la classe ouvrière a été définitivement ruiné par la persistance d'un chômage important – trois fois plus élevé chez les employés et les ouvriers (14,5 % en 2000) que chez les cadres – et par la multiplication, notamment chez les jeunes, de « travailleurs pauvres » qui gagnent moins que le SMIC.

Autre nouveauté : l'apparition de ces travailleurs à temps partiel, de plus en plus nombreux, qui jouent avec les offres d'emploi « à temps court » (de 19 à 25 heures par semaine). Le Secours catholique a vu arriver, ces dernières années, cette nouvelle population de « salariés qui ne s'en sortent pas », titulaires de « contrats à durée indéterminée à temps partiel » qu'il est difficile de cumuler en raison de l'irrégularité des horaires. Pour ceux qui ont des enfants, le RMI est souvent préférable à ces très bas salaires : le temps libre permet de s'occuper de sa progéniture en économisant ainsi frais de garde et dépense de soins médicaux, de même que la redevance télé, dont on est exonéré par ce statut. Malgré cela, beaucoup d'entre eux préfèrent néanmoins travailler, même « à perte[2] ».

Le tiers de ces travailleurs pauvres (entre 16 et 30 ans) sont aidés par leurs proches, qui comparent la

1. Stéphane Beaud et Michel Pialoux, *Retour sur la condition ouvrière : enquête aux usines Peugeot*, Fayard, 1999.

2. Georges Dupuy, « Travailler pour une misère », *L'Express*, 25 novembre 1999.

situation de leurs enfants avec ce qu'eux-mêmes ont vécu, mais aussi avec ce que distribue l'État providence à des sans-travail qui ne leur semblent pas toujours plus démunis qu'eux. Se développe alors dans ces familles un sentiment de déclassement et d'injustice d'autant plus vif que beaucoup des emplois de ces salariés sont situés dans des secteurs où l'on côtoie et sert ceux pour qui tout va bien (hôtellerie, restauration, nettoiement, etc.).

Depuis l'octroi de la retraite à 60 ans et de la cinquième semaine de congés payés, il y a déjà vingt ans, cette population se sent oubliée, larguée. Les anciens, ringardisés par une modernisation à laquelle on ne leur propose parfois même plus de « s'adapter », sont au mieux poussés vers la préretraite lorsqu'ils ont la chance d'appartenir à une grande entreprise qui a les moyens de la financer ; dans le meilleur des cas, les jeunes sont embauchés au rabais. Le sentiment de devenir des boulets pour la société est renforcé par le traitement médiatique (quand il y en a un) des licenciements et des fermetures d'usines : des « fatalités » indiscutables, signalées sans commentaire entre météo et accidents de la route, à propos desquelles ils constatent que les hommes politiques de gauche s'expriment beaucoup moins souvent que sur les raveurs ou les sans-papiers.

De moins en moins visible, cette immense population semble s'effacer d'un espace public où elle n'est plus ni reconnue ni sollicitée, et sur lequel elle a le sentiment d'avoir perdu toute prise. « Dans une situation qui paraît immaîtrisable, les salariés des entreprises privées mènent des luttes souvent désespérées pour tenter de sauvegarder leur emploi, tandis que les salariés du public défendent leurs avantages acquis. Dans ces conditions, prétendre que les revendications de ces derniers rejoignent les intérêts des salariés du secteur privé perd toute crédibilité[1]. » Les inégalités entre public et privé s'accroissent au fur et à mesure de la fragilisation des salariés du privé, comme le montrent la désyndicalisation profonde du secteur privé – deux fois plus importante que celle du secteur public – et la raréfaction de la « grève ouvrière ». Le nombre de jours de grève a en effet baissé régulièrement, passant de 1 483 500 en 1983 à 809 860 en 2000, dans le secteur privé, et a augmenté tout aussi régulièrement dans le secteur public, passant pour les mêmes années de 333 000 à 1 650 338. La part des salariés du privé dans le total des journées de grève, de 95 % en 1982, chute à 33 % en 2000 : phénomène essentiellement ouvrier et industriel il y a encore vingt ans, la grève tend aujourd'hui à devenir le monopole de la fonction publique[2]. Avec l'apparition d'un « personnage comique imprévu – "Érostrate fonctionnaire" –

1. Jean-Pierre Le Goff, « Hypothèses pour comprendre le chaos ambiant », *Le Débat*, septembre-octobre 2003.

2. « Les conflits en 2000 », *Liaisons sociales*, 28 mars 2002.

qui, au nom de la préservation des acquis, se donne le droit de casser ou de dévaloriser son instrument de travail par la grève permanente et sauvage, mais exige, pour ces actions “citoyennes”, d'être respecté et rémunéré[1] ». La grève paraît un type d'action de plus en plus réservé aux catégories protégées du secteur public qui en ont les *moyens*.

Il ne faut pas oublier que la grande coagulation gréviste de 1995 s'est réalisée à partir de la défense de la retraite à 50 ans d'une minorité de fonctionnaires – les agents de conduite de la SNCF, dont les revenus sont comparables à ceux de cadres moyens pour une moindre charge de travail –, rejointe par les enseignants inquiets des réformes annoncées sur leur régime de retraite. Quelques mois après une campagne menée et gagnée contre Édouard Balladur sur le thème de la « fracture sociale », le président Chirac nouvellement élu (avec notamment 43 % des suffrages ouvriers et employés au second tour) nommait un Premier ministre aux antipodes de cette campagne et laissait s'installer ce face-à-face entre le gouvernement Juppé – le gouvernement le plus technocrate de la Ve République, tant par sa composition que par sa façon de faire – et des corporations de fonctionnaires à même de tout bloquer. De son côté, la gauche donnait l'impression d'« être tentée par le

1. Pierre-André Taguieff, « L'emprise du néo-progressisme », *Le Figaro*, 2 juillet 2003.

repli sur le service public comme un dernier carré », en se cantonnant au rôle de « représentant des salariés des services publics repliés sur leurs avantages acquis et du "peuple adolescent"[1] ».

Cette inégalité dans les capacités de se défendre ne peut qu'accentuer l'inégalité de revenus entre les deux univers : la rémunération moyenne nette d'un agent de l'État, qui s'élève en 2000 à 1 944 euros par mois, est supérieure de 14 % à celle d'un salarié du privé, qui atteint 1 700 euros, l'écart entre les salaires médians s'élevant à 34 %. Ces différences s'expliquent certes en partie par des niveaux de qualification hétérogènes. En revanche, l'évolution des rémunérations montre que le secteur public est nettement privilégié : de 1990 à 2000, la progression du salaire moyen net dans la fonction publique a dépassé de 6,2 points celle du secteur privé, soit, pour les fonctionnaires, un gain de pouvoir d'achat de 10,2 % au cours de ces dix années, contre 4 % pour les salariés du privé[2]. Quant aux retraites, qu'il s'agisse de la durée et des taux de cotisation, de l'âge moyen de départ ou des montants versés, l'avantage revient toujours – et de plus en plus – à la fonction publique. La différence de longévité

1. Jean-Pierre Le Goff, « Où va la gauche française ? », *Le Débat*, septembre-octobre 2003.

2. « Rapport sur les rémunérations et pensions de retraite de la fonction publique », annexe au projet de loi de Finances, 2003, et « Les fonctionnaires sont mieux rémunérés que les salariés du privé », *Liaisons sociales*, 21 octobre 2002.

complète ce paysage inégalitaire, puisque les retraites sont versées en moyenne durant 23,2 années pour les fonctionnaires hommes (24,4 ans pour les femmes), et seulement pendant 13,6 ans pour les salariés du privé (17,4 ans pour les femmes)[1]. Ces données renvoient au rétrécissement sociologique du Parti socialiste, devenu un parti dirigé par des hauts fonctionnaires, à l'électorat constitué d'un « noyau dur » de cadres, de fonctionnaires et d'enseignants, abandonnant à son sort la partie exposée du salariat, en déficit de représentation.

Cela fait pourtant plus de dix ans que les meilleurs commentateurs insistent sur le divorce croissant entre une France à l'aise et une France populaire qui se sent mal. Le philosophe Marcel Gauchet, inventeur de l'expression « fracture sociale », avait consacré en 1990 un lumineux article au retour de la « lutte des classes » : « Il est devenu indécent d'en parler, mais ce n'en est pas moins elle qui resurgit, là où on ne l'attendait pas, pour alimenter la poussée électorale continue de l'extrême droite [...]. Un mur s'est dressé entre les élites et les populations, entre une France officielle avouable, qui se pique de ses nobles sentiments, et un pays des marges, renvoyé dans l'ignoble, qui puise dans le déni opposé à ses difficultés d'exis-

1. Jean-Luc Gréau, « Fonds de pension : la grande illusion », *Le Débat*, janvier-février 2000.

tence l'aliment de sa rancœur[1]. » Depuis lors, beaucoup d'autres observateurs, notamment parmi ceux qui manient les données des sondages, ont multiplié des mises en garde similaires sur l'apparition d'un nouveau clivage entre « le haut et le bas », selon le sondeur Jean-Luc Parodi, entre une France « ouverte » et une France « fermée », selon le politologue Pascal Perrineau. Historien du mouvement ouvrier et ancien proche de Michel Rocard, Jacques Julliard s'est inquiété de constater que « le fossé entre le peuple et les élites est devenu si profond qu'il tend à se substituer à la vieille lutte des classes[2] », et l'économiste Jean-Paul Fitoussi est allé jusqu'à évoquer « une nouvelle ségrégation sociale dont l'aboutissement ultime ressemblerait à un système de castes à l'indienne ».

Au sein même du Parti socialiste, les cassandres n'ont pas manqué. Son spécialiste des sondages, Gérard Le Gall, notait dès 1996 que « la fréquentation des mêmes lieux et des mêmes gens a fait oublier le peuple aux tenants du discours politique, idéologique et médiatique dominant ». Il estimait que son parti, coupable de cette dérive, « a commencé à perdre ses soutiens populaires à peine plus d'un an après le succès de François Mitterrand

1. Marcel Gauchet, « Les mauvaises surprises d'une oubliée : la lutte des classes », *Le Débat*, mai-août 1990.

2. Jacques Julliard, *La Faute aux élites*, Gallimard, 1997.

en 1988[1] ». Cinq ans plus tard, l'abstention populaire expliquait, selon lui, le désastre de la gauche aux municipales de 2001, une déroute que le PS a préféré masquer par l'évocation de ses victoires à Paris et à Lyon. Il appelait alors son parti à « un profond renouvellement intellectuel et moral pour l'avènement d'un authentique réalisme progressiste », avec des pistes intéressantes : « s'attaquer hardiment et concrètement à la redistribution des richesses », admettre que « l'insécurité est une atteinte aux droits de l'homme, une profonde inégalité sociale, une vraie préoccupation exprimée par les couches populaires », et « s'attacher, par le discours, sans simplisme ni démagogie, à se faire comprendre de tous et non des seuls spécialistes ».

Des conseils peu entendus. Quelques semaines avant le premier tour de la présidentielle de 2002, Aquilino Morelle, conseiller spécial de Lionel Jospin, organisa un déjeuner entre le candidat de gauche et Emmanuel Todd, dont Jacques Chirac avait repris avec succès, en 1995, les analyses sur la « fracture sociale ». « J'ai insisté auprès de lui sur la nécessité de s'adresser à cet électorat ouvrier, laminé et déboussolé par la nouvelle régulation du capitalisme, que les sondeurs sont incapables de mesurer. Car à chaque scrutin, ce monde populaire, méprisé et silencieux, ne

---

1. Gérard Le Gall, « La tentation du populisme », *Sofres, L'État de l'opinion*, Seuil, 1996.

surgit qu'au dernier moment dans les urnes », a raconté Emmanuel Todd. En vain. C'est en constatant les effets de cette ignorance dans son Nord populaire que Pierre Mauroy est sorti de sa réserve pour implorer le candidat Jospin de penser aux « ouvriers ». En vain aussi : le Front national a devancé le Parti socialiste à Lens, et Lionel Jospin a perdu dans le Nord le tiers de ses voix de 1995. En 2002, lors des législatives qui ont suivi, la moitié des électeurs ne se sont même pas déplacés dans la première circonscription de Lille. Plusieurs candidats socialistes de la région, sentant l'effet répulsif des leaders parisiens de leur parti, avaient refusé de les inviter dans leurs meetings de campagne. Sous l'influence de ses sections populaires du sud du département, la fédération du Nord, la dernière à être identifiée comme ouvrière au sein du PS, s'est rebellée contre François Hollande en 2003. Mais Pierre Mauroy avait lui-même commis une erreur en organisant le parachutage de Martine Aubry pour lui succéder à la mairie de Lille, violant la tradition locale de promotion interne qui donnait aux militants nordistes la garantie d'être représentés par des *semblables*.

Cette crise de la représentation du peuple se traduit aujourd'hui dans la carte électorale de la gauche, qui s'est inversée : le Parti socialiste fait désormais ses meilleurs scores dans des quartiers bourgeois. L'exemple de Paris est caricatural. Au paysage classique d'un Paris intra-muros de droite, encerclé par la « banlieue rouge », s'est substitué, lors des élections municipales de 2001, le spectacle inédit du Paris socialiste de Bertrand Delanoë, tandis que la droite et l'extrême droite se sont installées dans d'anciens bastions communistes tels que Drancy ou Argenteuil. Les élections législatives de 2002 ont confirmé ce renversement, la gauche étant majoritaire dans la capitale tandis que la droite progressait dans la grande couronne, y compris dans le bastion historique du Parti communiste qu'est la Seine-Saint-Denis, qui s'est donné quatre députés de droite.

Paris n'est pourtant pas redevenu une ville populaire, ni la Seine-Saint-Denis, un lieu de villégiature de la bourgeoisie. Au contraire, la capitale a continué de se vider de ses populations les plus modestes, et notamment des familles, ses arrondissements devenant les uns après les autres socialement homogènes : les « cadres et professions intellectuelles supérieures » constituent 35 % de la population active parisienne, contre 12,4 % à l'échelon national. Le chassé-croisé est donc non pas sociologique, mais bel et bien politique : le peuple, ancienne clientèle de la gauche, vote désormais de plus en plus à droite et à l'extrême droite, tandis que le Parti socialiste et les Verts sont devenus les représentants des populations urbaines aisées, selon le concept de « bobo » (« bourgeois-bohèmes ») créé par l'Américain David Brooks pour rendre compte de ce nouvel acteur politique défini par un mode de vie bourgeois décontracté, de plus en plus séparé du peuple, et par un vote à gauche ou à l'extrême gauche[1]. Cette inversion en produit d'autres, et l'on peut aujourd'hui assister à cette scène certes moderne, mais catastrophique pour la gauche, d'un élu d'opposition de droite dénonçant, dans *Le Figaro,* la gestion antisociale de Bertrand Delanoë : « Chez moi, dans le XVIIIe, la mairie ne fait que du logement intermédiaire, des petits îlots qui repoussent les classes populaires derrière le périphérique[2]. »

Alors que la défection du peuple aurait dû condamner le Parti socialiste, sa symbiose sociologique avec cette nouvelle bourgeoisie et la stérilisation lepéniste du vote populaire expliquent son sauvetage électoral. Mais cette survie est un piège : prisonniers de cet électorat qui leur ressemble, les responsables du PS ne sont plus en situation de reconquérir des populations avec lesquelles ils ont perdu tout contact et dont ils ignorent les conditions d'existence. « Les hiérarques socialistes sont empreints, souvent de bonne foi, d'une fausse bonne conscience, parce qu'ils ne savent plus ce que sont les milieux populaires. Ils croient qu'ils ont disparu avec les délocalisations, nous laissant entre cyberbranchés », constate Emmanuel Todd. Il suffit de

1. David Brooks, *Les Bobos*, Le Livre de poche, 2000.
2. « L'irrésistible invasion des bobos », *Le Figaro*, 29 octobre 2003.

lire les livres étranges publiés par certains membres de la nomenklatura socialiste, tels celui d'Anne Sinclair[1], épouse de Dominique Strauss-Kahn, ou celui de Sylviane Agacinski[2], épouse de Lionel Jospin. Ces dames s'épanchent avec impudeur sur les emplois du temps de leurs couples de gauche durant la dernière campagne électorale, racontant sans retenue ce qu'ils faisaient de leurs loisirs, avec qui ils dînaient, de quoi ils parlaient... Des témoignages bruts, eux aussi naïfs, sur l'enfermement social et l'oubli des réalités qui frappent l'élite de gauche. Ce petit « théâtre » mondain, qui passe de plus en plus de temps sur les multiples plateaux de télé, contribue beaucoup à la conviction, ancrée chaque jour davantage parmi le peuple, que ces « gens-là » sont d'un autre monde : outre le vide du discours, les considérations relatives aux comportements – le « style d'action » – influent en effet énormément sur le vote populaire[3]. Il apparaît désormais manifeste pour le peuple que l'ancienne promesse des dirigeants socialistes – « changer la vie » – n'a pas été perdue pour tout le monde, comme le rappelle Éric Dupin : « Leur occupation du pouvoir a au moins concrètement changé la vie de quelques milliers d'entre eux. Une nouvelle classe de parvenus s'est

1. Anne Sinclair, *Caméra subjective*, Grasset, 2002.

2. Sylviane Agacinski, *Journal interrompu. 24 janvier-25 mai 2002*, Seuil, 2002.

3. « Le populaire et la politique », *Politix*, n° 13, 1991.

progressivement constituée. Cette “bourgeoisie d'État” n'a pas peu contribué à transformer, pour une part, le PS en instrument d'une fraction des classes dirigeantes. Le cynisme et le technocratisme ont été les deux mamelles de ce processus[1]. »

Cette « fracture culturelle », qui s'ajoute à la « fracture sociale » et à la « fracture urbaine », explique l'inconscience « versaillaise » révélée par des gaffes qui ont coûté très cher aux socialistes. Tel Lionel Jospin avouant qu'il avait péché par « naïveté » à propos de l'insécurité. Telle Élisabeth Guigou qui croit bien faire en chaussant des baskets pour se montrer dans sa circonscription de Seine-Saint-Denis, l'une de ces circonscriptions « sûres » que le parti offre à ses dignitaires au lieu d'en profiter pour présenter sur place un candidat d'origine populaire ou immigrée. Ou le bide du livre de Laurent Fabius, grâce auquel il croyait pouvoir modifier son image de grand bourgeois en faisant mine de se souvenir du peuple – « J'ai eu besoin de retourner à la source. Et la source, c'est notre peuple[2] » – alors qu'il aggravait son cas en croyant faire peuple – carottes râpées et Star ac' –, parce qu'il n'a toujours pas compris que le peuple ne demande pas à être flatté, mais représenté, ainsi que l'a souligné Michel Schneider :

---

1. Éric Dupin, *Sortir la gauche du coma. Comprendre les racines d'un désastre*, Flammarion, 2002.

2. Laurent Fabius, *Cela commence par une balade*, Plon, 2003.

« Ceux qui flattent le peuple sont comme ces chasseurs imitant le cri des animaux qu'ils veulent tuer ou domestiquer. Les humbles ne sont pas des bêtes et ne souhaitent pas des chefs qui leur ressemblent[1]. »

Peuple et membres de l'élite vivent le plus clair de leur temps dans des mondes de plus en plus séparés, selon des modes de vie et au gré de déplacements qui leur sont propres : pour les seconds, quelques arrondissements de Paris reliés à la douce campagne ou aux capitales européennes par avion ou train rapide, surplombant les territoires exotiques où restent immobilisées les masses. « Ils se retrouvent dans la situation psychologique et sociale qui était celle de la haute aristocratie dans l'Ancien Régime : un groupe qui dirige la société tout en lui étant pour une bonne part étranger », constate Laurent Joffrin[2]. Car la décentralisation a eu paradoxalement pour effet de concentrer encore davantage l'homogénéité de cette élite parisienne, plus endogamique et moins renouvelée qu'auparavant : comme l'observent plusieurs études récentes, le « nomadisme » en vogue n'est pas à la portée de tout le monde, et il devient plus difficile qu'auparavant de « monter » à Paris, notamment pour

1. Michel Schneider, « Les humbles ne sont pas des bêtes », *Libération*, 8 novembre 2003.

2. Laurent Joffrin, *Le Gouvernement invisible. Naissance d'une démocratie sans le peuple*, Arléa, 2001.

les milieux modestes. Institutions, services et marchés s'adaptent à ces publics aux goûts et surtout aux moyens très différents, négligeant de plus en plus les populations périphériques.

L'évolution de la SNCF traduit bien cette attention à géométrie variable. De l'aveu même de ses dirigeants actuels, la société de transport ferroviaire de *service public* a délaissé pendant plusieurs décennies son immense clientèle populaire des lignes de banlieue, peu lucrative et captive (elle n'a pas le choix et, avec la carte Orange, paie, très cher, d'avance). Les dernières modernisations dont a bénéficié le réseau de banlieue datent des années 70. Le VIe plan avait en effet décidé de repousser la réalisation du projet de train à grande vitesse Paris-Lyon, qui était prêt depuis 1969, pour accorder la priorité au réseau Ile-de-France, avec notamment le RER. « Pendant les trente années qui ont suivi, de tels choix ne se sont jamais reproduits[1]. » Sous les gouvernements de gauche des années 80, les attributions de crédits du Fonds de développement économique et social, qui pilotait les grands investissements dans les transports, auront négligé les besoins de modernisation du réseau francilien surchargé, au profit de la constitution rapide du réseau TGV. Et, face à la concurrence du transport

1. Nicolas Beau, Laurence Dequay, Marc Fressoz, *SNCF : la machine infernale*, Le Cherche-Midi, 2004.

aérien, la SNCF a gratifié ce réseau de tarifs d'appel destinés à cette clientèle exigeante qui bouge de plus en plus et file chaque week-end dans le Sud ou vers l'Atlantique.

Alors que les premières rames de TGV, mises en service en 1981, ont déjà été changées, les banlieusards du réseau parisien empruntent toujours un matériel roulant vieux de plus de trente ans et qui, selon les responsables de la SNCF, aurait dû être renouvelé il y a une ou deux décennies. Certains postes d'aiguillage ont plus de cinquante ans d'âge. Leur informatisation réduirait considérablement les actuels « conflits de circulation » – que les cheminots appellent « frottements » –, responsables de maintes défaillances.

Ce matériel à bout de souffle, régulièrement en panne, est en effet la cause d'une partie des nombreux retards sur ces lignes fréquentées chaque jour par des millions de travailleurs. Du fait de l'expulsion progressive du peuple de Paris, plus de 60 % des ouvriers ou employés parisiens n'habitent pas la capitale. Le seul trafic SNCF en Ile-de-France – plus de deux millions de passagers par jour – représente les deux tiers du nombre de voyageurs transportés par la compagnie ferroviaire. Les Franciliens passent quotidiennement cent trente mille heures dans les transports en commun. Pour eux, la durée moyenne des trajets se situe aujourd'hui autour de cinquante-deux minutes pour un aller simple. En ce domaine, beaucoup de banlieusards âgés éprouvent de la *nostalgie :* leurs voyages quotidiens étaient plus agréables avant, quand l'exactitude était un devoir professionnel : « "Faire l'heure" aura été un mythe fondateur pour des générations de cheminots. Avec trois minutes de retard, tout convoi était considéré comme "irrégulier". À partir de cinq minutes, on parlait d'"irrégularités grave"[1]. »

La ponctualité n'a cessé de baisser : les retards sont devenus banals, affectant en permanence de 10 à 30 % des trains sur plusieurs trajets. Mais, à la différence de ce qu'il en est sur les grandes lignes, il ne s'agit pas là de quelques minutes de retard : certains convois restent en rade, sans aucune information, de longs moments, le doublement du temps de voyage prévu n'étant pas rare. Et la SNCF a l'habileté de ne pas comptabiliser dans ses chiffres les trains tout simplement supprimés au dernier moment, dont les voyageurs vont s'entasser dans le convoi suivant. Les usagers qui ont besoin de justifier leur retard auprès de leur employeur font la queue pour obtenir un « certificat de retard » distribué par des employés de la SNCF. À côté des effets des 35 heures – des trains sont supprimés ou partent avec retard parce qu'il n'y a pas de conducteur disponible –, la SNCF invoque surtout, à sa décharge, et comme si elle n'était pas concernée par ce paramètre extérieur, les

1. Nicolas Beau, Laurence Dequay, Marc Fressoz, *La SNCF...*, *op. cit.*

actes de vandalisme. Des actes qu'elle a longtemps négligés, ne prenant au sérieux les problèmes croissants de l'insécurité que lorsque celle-ci a commencé à toucher non plus seulement les usagers, mais le personnel, qui a, lui, les moyens de se faire entendre.

Outre la désormais banale question de l'insécurité qui règne dans ces transports collectifs en dehors de l'affluence des heures de pointe, le confort et la propreté se sont eux aussi dégradés, parfois de façon définitive. Ainsi, en raison de la progression des *incivilités,* les sièges en mousse, lacérés, disparaissent, remplacés par des coques dures, inattaquables à la lame : c'est le retour au « confort » des sièges en bois. Voyageant dans des wagons souvent surchauffés l'été et glacials l'hiver, les usagers doivent en outre supporter des désagréments ordinaires : éclairage en panne, vitres brisées, crasse, ordures... La nuit, la vétusté de certains wagons oblige leurs occupants à voyager pendant un moment dans l'obscurité totale lors des changements de réseau électrique. Et le jour, les usagers jouissent de l'œuvre des tagueurs, qui, contrairement à ce que pensent certains « poètes » parisiens[1], ne taguent pas que les murs, mais s'en prennent aux wagons, qu'ils badigeonnent intégralement, vitres comprises, obligeant leurs occupants à

1. « Ils taguent les murs pour les rendre moins aveugles, moins impeccablement enfermants » (Albert Jacquard, *Petite Philosophie à l'usage des non-philosophes*, Calmann-Lévy, 1997).

voyager dans des conteneurs aveugles en attendant qu'ils soient restaurés par des agents de la SNCF (laquelle y consacre un budget croissant qui atteint aujourd'hui cinq millions d'euros par an). Expliquant que sa « spécialité est le détournement de logos qu'il peint à la bombe aérosol sur toute la longueur d'une rame de RER, recouvrant au passage les fenêtres », *Libération* s'apitoyait récemment sur l'un de ces artistes auxquels la SNCF cherchait des noises[1]. « C'est un peu David contre Goliath », estimait de son côté *Le Monde*, relatant le procès que la société publique intentait à trois petits magazines coupables de publier régulièrement des photos de wagons tagués, y dénonçant une incitation à ce type de déprédations dont le nombre a doublé en l'espace de cinq ans[2].

À ces tracas quotidiens s'ajoute, pour les usagers des transports, un sentiment d'oubli : ces réalités font rarement l'objet de reportages dans la grande presse, à l'exception du *Parisien*, pour lequel ce sujet est devenu une rubrique régulière. Quant au secteur « banlieue », il reste méprisé au sein de l'entreprise publique : « On y est nommé comme on va au purgatoire », explique un cadre supérieur de la SNCF aux auteurs de *La Machine infernale*, lesquels racontent qu'à l'automne 2003 le directeur régional de

1. « Le tagueur de trains rame pour rentrer dans le rang », *Libération*, 21 octobre 2003.

2. *Le Monde*, 23 décembre 2003.

Toulouse, jugé défaillant, a ainsi été sanctionné par son affectation en région parisienne à la direction des lignes RER qui accueillent le plus fort trafic de France[1].

La dégradation constante de l'efficacité et du confort des lignes réservées aux banlieusards entraîne depuis plusieurs années une baisse de fréquentation de ces transports en commun. Aujourd'hui, 43 % des Franciliens utilisent leur voiture pour aller travailler. Au lieu d'aborder la question à l'endroit et d'affecter les moyens nécessaires pour inciter, par leur qualité, leur sûreté et leur propreté, de plus en plus d'habitants à emprunter les transports en commun, les élus parisiens, faisant la politique de leur base sociale, préfèrent développer une petite écologie de quartier dont le principe essentiel consiste à réserver Paris aux Parisiens, sans se soucier du sort de banlieusards (notamment les jeunes) contraints à l'immobilité et à une relégation sociale accentuée. Tandis que les médias s'efforcent de dénoncer, pour mieux les culpabiliser, ces « beaufs » qui persistent à prendre leur voiture pour aller travailler, polluant l'air de la capitale…

1. Nicolas Beau, Laurence Dequay, Marc Fressoz, *La SNCF…*, *op. cit.*

En Ile-de-France, l'écart de revenus moyen entre Paris et la banlieue a doublé de 1984 à 1996. Sur ce modèle, la « dislocation sociale » du territoire (selon l'expression du Conseil d'analyse économique) augmente, générant ces lieux baptisés par la technocratie « zones urbaines sensibles » parce que y clignotent quelques paramètres tels que le taux de chômage (qui y est passé de 19 % en 1990 à 25,4 % en 1999) ou le faible niveau du pouvoir d'achat, qui a contraint la grande distribution à s'adapter, chaque groupe ayant créé son enseigne pour pauvres – Ed (Carrefour), Leader Price (Casino), Marché Vrac (Auchan) – et aménageant de vastes entrepôts avec choix, prix et qualité limités. Des zones urbaines socialement et culturellement de plus en plus hétérogènes se développent ainsi selon une « logique de séparation[1] », les élites se protégeant au sein de centres-villes sûrs, confortables et bien équipés, et leurs enfants échappant désormais au service militaire qui constituait, pour beaucoup de jeunes bourgeois, la première et souvent seule expérience de proximité avec le peuple.

À Paris, le nombre de rues du domaine public privatisées (grilles avec Digicode) augmente, et, en banlieue ou dans les zones de vacances, apparaissent ces résidences fermées pour riches, avec sécurité privée, comme en possèdent déjà depuis longtemps des millions d'Américains, aujourd'hui passés au

1. Jacques Donzelot, Catherine Mével et Anne Wyvekens, *Faire société. La politique de la ville aux États-Unis et en France*, Seuil, 2003.

stade de la revendication d'une fiscalité allégée pour tenir compte des sommes dépensées afin d'assurer leur propre sécurité. L'explosion du nombre de vigiles, qui tend à rattraper celui des policiers, indique que la question de l'insécurité peut très bien être réglée par le marché, selon un zonage urbain qui relègue le peuple dans une « France périphérique » formée de zones éloignées, mal reliées aux centres-villes, peu sûres, constituées des paysages ingrats de cités ou de lotissements sommaires, avec des équipements insuffisants et dégradés qui attestent l'échec de la « politique de la ville[1] ». Des frontières séparent désormais des mondes étrangers qui s'éloignent socialement, malgré leur proximité géographique, comme l'illustre le beau récit de Pierre-Louis Basse à propos de son voyage quotidien entre son domicile, à Saint-Ouen, dans la Seine-Saint-Denis, et son bureau des Champs-Élysées[2]. Seuls ceux qui les habitent connaissent les lieux sans visage de cette France périphérique que l'on ne découvre qu'incidemment, lors de faits-divers, de catastrophes naturelles, par exemple des inondations, ou grâce à ces images de *destruction de barres* qui concluent de temps à autre un journal télévisé. Parce que la presse s'en désintéresse ou que les journalistes ne s'y risquent plus beaucoup – ou bien,

1. Christophe Guilluy, *L'Atlas des fractures françaises*, L'Harmattan, 2000.

2. Pierre-Louis Basse, *Ma ligne 13*, Le Rocher, 2003.

s'ils le font, c'est à la façon des grands reporters envoyés dans des pays lointains en guerre, en compagnie de guides-interprètes-protecteurs, de « fixeurs », qui les accompagnent dans ces endroits qu'ils connaissent mal, ne comprennent pas, et où il vaut mieux ne pas s'aventurer seul. Tel Omar Guendouz, « qui sert de guide dans cette *terra incognita* qui borde le périphérique parisien, comme d'autres à Gaza ou à Monrovia », ainsi que le rapporte *Le Monde* à l'occasion d'un procès dans lequel il était impliqué, au cours duquel il s'est présenté comme une « espèce de passeur » travaillant pour *VSD*, France 2, France 3, *Paris-Match* et plusieurs agences photo : « Stéphane Bern est payé pour aller voir les rois. Moi, c'est les banlieues[1]. »

Ce sentiment d'abandon ressenti par le peuple du fait de l'embourgeoisement des partis de gauche est accentué par la soumission de la politique à la tyrannie du pouvoir médiatique, lui aussi issu du même milieu, qui ne côtoie plus le peuple que par hasard. Cette petite société médiatique (journalistes, animateurs, intellectuels de plateaux télé) décide désormais du contenu du débat public, de ce qui mérite attention, et les problèmes du peuple n'y sont évoqués spontanément que de loin en loin. L'histo-

1. « Le procès d'Omar Guendouz, trouble explorateur des banlieues pour la presse », *Le Monde*, 23 octobre 2001.

rien Jean-François Sirinelli a baptisé « intellectuels du troisième type » ces célébrités de la « sphère audiovisuelle ». Bien que peu représentatifs, ils prennent beaucoup de place parce qu'ils sont au cœur des médias, devant et derrière la caméra : « C'est la sphère de la communication qui baptisa "intellectuels" des intervenants issus de l'image et du son, et force est de constater un véritable effet d'abîme. Et, par là même, une sorte de coup d'État : la "vidéosphère" imposait désormais ses critères civiques, ses émotions, ses passions[1]. »

Le Parti socialiste est en prise directe sur cette « vidéosphère ». Dans le rapport d'activité préparatoire au congrès du parti à Dijon, en 2003, la contribution du secrétariat national à la culture et aux médias occupe plus de place que celle du secrétariat national aux entreprises. L'une des grandes fiertés de la campagne du PS lors de la présidentielle de 2002 fut ainsi la mise en scène de l'« immense soutien » que Lionel Jospin avait reçu du monde de la chanson, des arts, du spectacle, du théâtre et du cinéma, écrasant Jacques Chirac, ridiculisé entre Line Renaud et Johnny Hallyday. Il ne faut pas oublier que des stratèges socialistes avaient proposé de faire du limogeage de Pierre Lescure à la tête de Canal+ un thème de campagne. Que le sort de l'équipe de Canal+ et les

1. Jean-François Sirinelli, *Aux marges de la République*, Presses universitaires de France, 2001.

« malheurs » des stars de la chaîne (comme Bruno Gaccio, l'un des animateurs des « Guignols de l'info », en lutte contre Jean-Marie Messier parce que ses 8 000 actions Vivendi avaient, a-t-il précisé, « perdu six fois leur valeur ») aient pu davantage préoccuper certains dirigeants socialistes que le destin des employés licenciés de LU et de Moulinex, cela donne une idée du rétrécissement sociologique de ce parti. Un parti qui prône par ailleurs l'ouverture des marchés et la concurrence internationale, lesquelles détruisent prioritairement les emplois ouvriers, mais qui rassemble surtout ceux qui en sont protégés : retraités, fonctionnaires, enseignants, et tous ces salariés de la communication et de la culture que l'« exception culturelle » met à l'abri des délocalisations qui frappent l'électroménager, le textile et même, depuis peu, l'informatique, les hautes technologies et les services.

L'homogénéité sociologique croissante des responsables des médias explique la baisse de visibilité, dans la presse écrite et dans l'audiovisuel, de pans entiers de la vie sociale, en particulier de l'univers – de plus en plus exotique – du peuple. L'évolution du recrutement des journalistes témoigne de ce rabougrissement social. Longtemps métier d'aventuriers, d'autodidactes et de diplômés divers formés sur le tas, le journalisme procède aujourd'hui surtout d'écoles dont le recrutement tend à se rétrécir. Les enfants de cadres, d'enseignants et de journalistes y sont surreprésentés, et ceux des classes populaires, en voie de disparition. La promotion 2002 du Centre de formation des journalistes (CFJ), l'une des principales écoles de ce métier, dont les frais d'inscription ont doublé en quelques années, ne comportait ainsi qu'un seul fils d'ouvrier sur 57 élèves ! Cette sélection prépare les jeunes journalistes à une existence professionnelle grégaire et endogamique. Peu de professions vivent aussi repliées sur elles-mêmes, en vase clos et de plus en plus centrées sur leur propre univers : bien des enquêtes sur les modes de vie (relations avec les enfants, rapports de couple, consommation, loisirs, etc.) sont réalisées parmi les membres des rédactions ou leurs relations, l'apparition du courriel ayant accentué cette tendance à voir la réalité par le biais de cette sorte de sondage maison.

Le « grand journaliste » vit hors du monde du commun des mortels grâce à de nombreux passe-droits et privilèges : contraventions que l'on fait sauter[1] ; visites « privées » rassemblant des milliers d'invités lors de l'inauguration de grandes expositions ; réductions permanentes dans les commerces de luxe ; soldes « réservés » en avant-première. À son arrivée, le nouveau PDG de la SNCF, Louis

1. C'est non pas la gauche, mais Nicolas Sarkozy qui a mis fin (provisoirement ?) à ce privilège très utilisé dans les services d'*investigation*, les services politiques et par les patrons de presse.

Gallois, a supprimé les cartes de réduction de 50 % dont bénéficiaient *plusieurs centaines* de journalistes. La perception de la réalité sociale par les journaux – dont les responsables déplorent la baisse du lectorat – est affectée par cet isolement sociologique. Contrairement à la légende, les sujets économiques et sociaux intéressent les spectateurs du journal télévisé et n'entraînent pas de zapping, comme le montrent les études de Médiamétrie qui mesurent l'audience, minute par minute. « En réalité, explique un ancien de TF1, ils ennuient mortellement les rédacteurs en chef, qui n'aiment pas se voir rappeler les soucis de la France d'en bas[1]. »

Il suffit de lire la presse dite « de gauche » pour mesurer le chemin parcouru. *Libération,* qui voulait, il y a trente ans, donner la parole à « la France d'en bas[2] », se permet aujourd'hui ce que *Figaro Madame* n'oserait pas, recommandant par exemple à ses lecteurs le *must* pour leurs « toutous » : « Pas de chien

1. « La médiamétrise de l'info », *Le Canard enchaîné*, 29 octobre 2003.

2. Durant la campagne pour l'élection présidentielle de mai 1974, le nouveau quotidien créé en 1973 soutenait la candidature de Charles Piaget, ouvrier de Lip et leader du PSU : « Il ne sera pas candidat de groupes ou d'un parti. Il sera le porte-parole de la France d'en bas. Il ne parlera pas pour nous ; avec lui nous parlerons tous » *Libération,* 7 avril 1974, cité par Jean Guisnel, *Libération, la biographie*, La Découverte, 1999.

heureux sans collier et laisse Hermès » (1 850 francs), « pas de chien épanoui sans petit manteau Gucci, sobre et noir » (1 300 francs), et « pas de chien reposé sans son panier en toile sellier Hermès » (4 500 francs). Ou sélectionnant pour son *Guide spécial réveillons* le Park Hyatt Vendôme avec repas à 350 euros pour ceux qui sont fatigués de l'hôtel Costes, ou, plus classique, le Ritz ou le Plazza-Athénée, « chic et discret » (*sic*). Quant au *Nouvel Observateur*, il n'hésite pas, dans ses suppléments publicitaires, à proposer à ses lecteurs d'intéressantes informations pratiques telles que : « Comment devenir propriétaire d'un cheval de course ».

Ce décalage a été illustré par l'« explication » du 21 avril 2002, répétée en boucle par certains journaux au lendemain du *séisme :* le succès de Jean-Marie Le Pen fut imputé aux médias audiovisuels, qui auraient « trop parlé d'insécurité ». Lapsus touchant, indiquant que beaucoup ne savaient pas que ce qu'ils ont découvert avec dégoût sur leurs écrans, des millions de Français le vivaient en direct depuis des années. Sebastian Roché y voit « la volonté de ne pas savoir » d'un « milieu politico-médiatique tellement tourné sur lui-même qu'il en oublie qu'il existe une société réelle ». Il est faux de dire que « les médias ont fait l'opinion et plus encore l'insécurité ; en l'espèce, les médias sont relativement suivistes », précise le politologue Arnaud Mercier, notant que l'intérêt pour l'insécurité ne date pas de la campagne électorale de 2002 : « De nombreuses enquêtes de victimisation ou par sondages prouvent que les Français considéraient en effet cette question comme prioritaire depuis plusieurs années et qu'ils n'ont pas attendu de voir leurs journaux aborder des faits délictueux en grand nombre pour se sentir en état d'insécurité. L'influence prêtée ici aux médias dérive de l'idée que l'insécurité serait plus un sentiment fantasmatique qu'une réalité [...]. Il est utile de rappeler que les données d'opinion disponibles sur vingt-cinq ans montrent que l'insécurité est devenue une des priorités affichées des sondés dès le début des années 90[1]. » Et ce souci a perduré : trois mois après le 21 avril 2002, les électeurs de gauche plaçaient la « lutte contre l'insécurité » au premier rang des « valeurs qu'ils souhaitent voir plus défendues par la gauche[2] ».

Le déni médiatique du réel est tel qu'il a fallu par exemple lire la presse américaine pour connaître la teneur exacte des propos ignobles, mélange de sexisme et d'antisémitisme, qu'a dû affronter en 2002 Fabienne Keller, maire de Strasbourg, en tournée électorale avec François Bayrou, lors de la fameuse scène

1. « Les médias en campagne », in *Le Vote de tous les refus, les élections présidentielle et législatives de 2002*, sous la direction de Pascal Perrineau et Colette Ysmal, Presses de Sciences-Po, 2003.

2. Sondage CSA pour *Marianne*, 29 juillet 2002.

de la « gifle » dont ce dernier gratifia un gamin qui lui faisait les poches. La presse française, qui sait pourtant se montrer « osée » et « dérangeante » sur d'autres sujets, a beaucoup glosé sur cet épisode, mais en ne nous parlant que d'« échanges tendus » avec une « jeunesse turbulente ». Sur tous les problèmes qui accablent les milieux populaires, une novlangue euphémisée s'est installée : les voyous deviennent « les jeunes », les cités sinistrées, « les quartiers », le tout enrobé dans un discours perpétuellement optimiste par dissimulation ou minoration des réalités. « Comme si on ne pouvait opposer au discours "mauvais" du Front national qu'un discours symétrique, "bon", mais aussi simpliste. D'un côté, les immigrés sont la cause de tous nos maux, de l'autre, leur présence ne saurait être qu'exclusivement bénéfique », relève Élisabeth Lévy dans une impressionnante recension de toutes les censures idéologiques des médias au cours des dix dernières années[1].

Le récent ouvrage d'un journaliste relatant sa rencontre avec le peuple lepéniste a involontairement illustré cet autisme médiatique[2]. C'est parce qu'il fait l'acquisition d'une belle maison de 450 mètres carrés sur trois hectares dans un petit village de l'Aisne, à 75 kilomètres de Paris, que Christian Duplan

1. Élisabeth Lévy, *Les Maîtres censeurs*, Jean-Claude Lattès, 2002.
2. Christian Duplan, *Mon village à l'heure Le Pen*, Seuil, 2003.

découvre une partie de la société française qu'il ignorait jusqu'alors. Il est vite troublé par ses voisins, gens simples, pauvres, souvent sympathiques et touchants, mais qui se déclarent électeurs du Front national. Ne parvenant pas à « les rejeter en tant qu'individus », Christian Duplan a le courage d'essayer de comprendre cette bourgade de lepénistes dont le maire, appartenant à la droite modérée, est une ancienne avocate, et le premier adjoint, un Noir. À cause de ce qu'ils sont, il se décide à les fréquenter malgré ce qu'ils votent. « J'ai l'impression, toutes proportions gardées, de me trouver dans la situation d'un propriétaire terrien du début du siècle à qui un ouvrier agricole viendrait confesser son “crime” : il est communiste. » Ses amis parisiens de passage fuient quand ils apprennent qu'il reçoit ces lepénistes dans son salon. Mais lui découvre des gens qui « portent aussi des valeurs d'entraide et de solidarité qui ne [lui] semblent pas à l'opposé d'une bonne orthodoxie néo-gaulliste ou sociale-démocrate post-trotskiste. Ils n'ont d'ailleurs rien de spécial contre la gauche, souvent ils en viennent. »

La clef du livre – et du jugement finalement porté sur ces gens – réside dans un beau portrait du chauffeur de bus qui effectue le ramassage scolaire. C'est celui d'un brave homme qui s'appelle Dupont : ex-électeur socialiste, il vote Front national tout en restant syndiqué à la CGT. Marié à une femme de ménage, cet ancien ouvrier agricole de 49 ans a commencé à travailler à 15 ans et a été ouvrier marbrier avant de devenir, il y a huit ans, chauffeur de bus. Il croit à son métier et ne veut pas se laisser faire. Il « vit son car comme une partie de lui-même et prend chaque agression contre son instrument de travail comme une attaque personnelle », explique Christian Duplan. Il ne supporte pas les voyous qui le traitent tous les jours de « fils de pute », lui lancent des pétards ou des piles usagées sur son tableau de bord pendant qu'il roule à 90 kilomètres à l'heure. Il immobilise son véhicule sur le bord de la route jusqu'à ce qu'ils s'arrêtent de fumer. S'obstine à vouloir contrôler les fraudeurs qui lui répondent : « Tu fermes ta gueule et tu roules ! » Il poursuit ses tournées dans l'angoisse, avec « le portable réglé sur le commissariat », et « lutte contre l'envie de donner des claques ». Lorsqu'il se plaint à son employeur (le conseil général) on lui recommande de ne pas faire d'histoires. Il porte plainte après une agression à la bombe lacrymogène et des représailles à son domicile. Les gendarmes classent sans suite. Pour faire plaisir aux gamins, il branche la radio sur Fun, ce qui l'oblige à « supporter Arthur » : « Je suis traité comme moins que rien toute la journée, et en plus, à la radio, un animateur millionnaire passe son temps à insulter les "connards qui votent FN" et à nous traiter de "fascistes". »

Au terme de ce portrait empathique, Christian Duplan énonce le verdict. Cet homme « détruit psychologiquement » lui semble « sincère » ; mais c'est lui le coupable : « Je le vois enfermé dans sa bulle, dans ses valeurs sur lesquelles il ne peut ni ne veut transiger. » Il a tort de ne plus supporter « des jeunes qui n'ont pas ses codes culturels, pas son passé ni son avenir ». Il lui accorde néanmoins une circonstance atténuante : « Aucun homme politique, personne n'a le courage de dire une bonne fois pour toutes que la société est comme ça, et que mieux vaut apprendre à se connaître. »

Cette société « comme ça », qu'elle impose au peuple, l'élite ne veut pas la voir ni en entendre parler. Même quand c'est son boulot. Ainsi, la Délégation interministérielle à la ville, structure technocratique chargée de la « fracture urbaine » que Pierre Bérégovoy avait symboliquement installée dans la Seine-Saint-Denis, près de la porte de la Chapelle, va être rapatriée dans Paris. Son personnel ne se sentait pas bien en banlieue pour réfléchir à la banlieue : à cause d'une « implantation pénalisante », de « locaux mal desservis », de l'« insécurité », des « dégradations » et des « vols répétés[1] »…

1. *Le Canard enchaîné*, 19 novembre 2003.

IX

LE PEUPLE VOTE ENCORE

Où l'on conclut que le peuple oublié, qui n'a pas toujours raison mais n'agit jamais sans raisons, se sert de son dernier moyen d'expression – le bulletin de vote – pour ramener l'élite à la règle démocratique.

> *« Une preuve suffisante que nous ne sommes pas un État essentiellement démocratique, c'est que nous sommes constamment à nous demander ce que nous allons faire des pauvres. Si nous étions des démocrates, nous nous demanderions ce que les pauvres vont faire de nous. »*
>
> G. K. CHESTERTON

Malgré l'évidente signification de la sanction – son exclusion d'une élection présidentielle réduite à l'affrontement de la droite et de l'extrême droite –, la gauche n'a rien entendu du message envoyé. L'hypothèse de l'« accident », lancée par Henri

Weber – « Comment se fait-il que le candidat socialiste se soit trouvé à la merci d'un tel accident[1] ? » –, s'est vite imposée dans les rangs du Parti socialiste.

Or, considéré isolément, un « accident » n'a pas de sens. Il ne devait d'ailleurs pas arriver, puisque « le gouvernement de Lionel Jospin a mené la politique la plus à gauche de tous les gouvernements de l'Union européenne et même du monde », nous assure Jean-Luc Mélenchon[2]. Lionel Jospin lui-même réfute l'hypothèse que « la gauche aurait perdu parce que sa politique n'était pas la bonne » : son « absurde éviction au second tour » ne s'explique que par la « frivolité politique qui avait perverti la campagne et le vote ». Six mois après sa sortie, l'ex-Premier ministre n'était toujours pas guéri de son autisme : « Les difficultés de la gauche sont moins venues de l'exercice du pouvoir qu'elles ne sont nées de la défaite[3]. » Les électeurs de gauche ont majoritairement un avis inverse : pour 54 % d'entre eux, l'échec de Lionel Jospin ne résulte pas d'un « accident », mais « est dû à des causes profondes, liées à ce qui s'est passé dans les dernières années du gouvernement Jospin[4] ». Et les mêmes placent en tête

1. Henri Weber, *Le Bel Avenir de la gauche*, Seuil, 2003.

2. *Le Parisien*, 3 janvier 2003.

3. Lionel Jospin, « Le temps des mystificateurs », *Libération*, 13 octobre 2003.

4. Sondage CSA pour *Marianne*, 29 juillet 2002.

de leurs préoccupations « la lutte contre l'insécurité », « la justice sociale » et « la famille ».

Quelques seconds rôles, bons connaisseurs de l'histoire de la gauche, ont essayé une fois de plus d'attirer – timidement – l'attention sur l'anomalie principale du Parti socialiste : « Le fait que les catégories populaires n'accordent plus massivement leurs suffrages au Parti socialiste pose à l'évidence un problème de fond », avance ainsi Laurent Baumel[1]. Et Alain Bergounioux, secrétaire national à la communication, relève « une importante volatilité de l'électorat populaire vis-à-vis des socialistes ».

Ces résultats électoraux dans lesquels Lionel Jospin ne veut voir qu'« absurdité », « frivolité » et « perversion » paraissent pourtant significatifs : si l'on additionne les suffrages d'extrême droite et d'extrême gauche, les votes blancs ou nuls et les abstentionnistes (de plus en plus nombreux et dont le profil – jeune et populaire – est proche de celui des électeurs lepénistes), 65 % des Français ont refusé leurs suffrages à la classe politique. Avec, à l'issue du premier tour, deux symboles de taille : le plus mauvais score réalisé par un président sortant, et l'élimination de son concurrent de gauche. Il semble difficile de trouver message plus explicite : le peuple ne suit plus. Il le précise par

1. « Construire la gauche du XXIe siècle », *La Revue socialiste*, mars 2003.

ailleurs : 72 % des Français pensent que « la classe dirigeante est coupée du peuple ». Le sentiment que les élites dirigeantes « ne sont pas à la hauteur de leurs responsabilités » est devenu majoritaire en 1995. À la même époque, 70 % des Français les tiennent pour responsables de la « dégradation de la situation des banlieues » et des « difficultés du système éducatif ».

Ce manque de confiance surgit à un moment où l'élite ne cherche plus à convaincre le peuple, comme le souligne l'historien Krzysztof Pomian : « À la différence du libéralisme du XIXe siècle, l'idéologie mondialiste et l'idéologie européenne ne s'adressent pas à des masses, elles ne veulent pas éduquer le public, élever son niveau intellectuel et moral afin de lui permettre de participer aux décisions en connaissance de cause. Elles ne lui demandent que de croire que l'avenir qu'elles proposent est le meilleur concevable et que le chemin censé y conduire, qu'elles tracent, est le seul possible[1]. » C'est pourquoi le message envoyé par les électeurs, bien qu'il soit de plus en plus clair, est de moins en moins écouté. Situation à la fois sans précédent et paradoxale. Le suffrage universel, rouage essentiel de la démocratie, a mis beaucoup de temps à être accepté par les élites, et Pierre Rosanvallon, qui en a fait l'histoire, estime que « c'est seulement de la fin des

1. Krzysztof Pomian, « La vraie fin du XXe siècle », *Le Débat*, septembre 2000.

années 70 que date en France la pleine reconnaissance, sans arrière-pensées, [de son] principe[1] ». Mais cette reconnaissance tardive coïncide avec la défection électorale du peuple, approuvée par les soixante-huitards et immortalisée par l'article de Jean-Paul Sartre « Élections = piège à cons[2] ». Ce mot d'ordre, exprimant l'un des impensés de 68, renouait subitement avec la méfiance des élites à l'égard de l'expression populaire.

L'avant-gardisme des élites révolutionnaires a toujours été justifié par la prétendue inconscience (ou ignorance) des masses, inaptes à discerner leur intérêt véritable. Quoique opposées entre elles, les différentes élites – aristocraties, technocraties nationales ou européennes, bourgeoisies plus ou moins éclairées – communient dans l'idée que, « dès lors que le bon gouvernement ne peut procéder que de la raison, il est difficile de faire de la souveraineté du nombre une condition du progrès politique », comme le résume Pierre Rosanvallon. La tradition libérale d'un Guizot rejoint sur ce point l'action séditieuse et comploteuse de Blanqui, inventeur du méprisant vocable « populo », qui ne voyait dans le peuple sans guide que « bétail » et « troupeau ». Ce fils d'aristocrate, qui redoutait en 1848

1. Pierre Rosanvallon, *Le Sacre du citoyen. Histoire du suffrage universel en France*, Gallimard, 1992.

2. Jean-Paul Sartre, « Élections = piège à cons », *Les Temps modernes*, janvier 1973.

que le droit de vote ne fût accordé au peuple[1], exprima ainsi brutalement cette défiance à l'égard du suffrage universel qui n'a cessé d'imprégner l'extrême gauche, de sa dénonciation de la « démocratie formelle » à celle de l'usage « plébiscitaire » du référendum par le général de Gaulle.

L'épisode de la « deuxième gauche » – dont le destin de Michel Rocard et la *pensée Lindenberg* constituent les queues de comète – se rattache à ce courant pour lequel la politique est question d'experts et de bonnes décisions prises à l'insu d'un peuple immature et incapable. Alors qu'un Mendès France ou un de Gaulle, croyant aux ressources de la délibération, de la pédagogie, de la persuasion et du consentement, s'adressaient régulièrement à un peuple qu'ils considéraient comme majeur et raisonnable, les politiques modernes s'en détournent pour s'en remettre à l'inventivité de leurs technocrates, sommés de ruser avec les contraintes de la « démocratie d'opinion » définie par Michel Rocard[2]. L'opinion, avec laquelle il faut finasser – la « com » est là pour ça –, remplace le peuple, qu'il fallait éduquer.

---

1. Pierre Rosanvallon, *La Démocratie inachevée, Histoire de la souveraineté du peuple en France*, Gallimard, 2000.

2. Michel Rocard, discours de Joué-lès-Tours, 20 septembre 1990, avec cette définition de l'équation politique moderne : « Les mesures difficiles ne sont pas forcément des mesures impopulaires, mais les mesures impopulaires sont forcément de mauvaises mesures. »

Malgré l'énergie qu'ils dépensent à se présenter en public comme des ennemis, experts et démagogues « partagent la même relativisation du mode de légitimation par l'élection » : « Tout se passe pour eux comme s'il y avait des causes et des intérêts au-dessus du suffrage[1]. » Ce dénominateur commun a fini par produire une chimère politique, le *technocrate démagogue*, dont Jacques Chirac fut un prototype performant.

Depuis trente ans, l'importance attachée au suffrage populaire n'a cessé de décliner. Les ministres désavoués par les électeurs restent en place. Le respect de l'esprit des institutions de la Ve République, dont le suffrage populaire constitue la clef de voûte, aurait pu inciter François Mitterrand à démissionner après le désaveu de la gauche en 1986, de même que Jacques Chirac aurait dû le faire en 1997 après l'échec de sa dissolution. L'invention de la « cohabitation », tant vantée par la classe politique, à quelques exceptions près (Raymond Barre, Jean-Pierre Chevènement), peut s'interpréter comme le souci commun des élites politiques de perdurer sans projet dans la simple gestion du moment et hors du contrôle du peuple. Ambition minimale encouragée par le journalisme politique, ces périodes de cohabitation produisant abondamment ce que celui-ci affectionne : polé-

1. Paul Yonnet, « Le gréviste et le gouvernant », *Le Débat*, mars-avril 1996.

miques stériles, guérilla de cabinets et petites phrases sans lendemain.

Des lapsus illustrent régulièrement cette allergie au fait majoritaire. Ainsi la conclusion de *Libération* au lendemain de la manifestation très people, en février 1997, contre la loi Debré de maîtrise de l'immigration, approuvée par la majorité des Français : « Il y a là une minorité morale – selon les sondages, en tout cas – suffisamment forte pour valoir toutes les majorités silencieuses[1]. » La préférence accordée à la délégitimation des positions déviantes plutôt qu'à l'affrontement politique avec celles-ci s'est traduite, en avril 2002, par certaines banderoles protestant non pas contre le leader de l'extrême droite, mais contre sa « présence au second tour », et également par le refus du candidat Chirac de débattre en public avec le candidat Le Pen, pourtant désigné comme lui au suffrage universel et par un nombre similaire d'électeurs.

Depuis trente ans, les élites, de gauche comme de droite, cherchent tous les moyens de s'émanciper du suffrage populaire, le contournant, le minimisant ou l'ignorant pour y substituer progressivement des modes de décision beaucoup plus sûrs et moins fatigants que les urnes.

---

1. Cité par Hervé Algalarrondo, *Sécurité : la gauche contre le peuple*, Robert Laffont, 2002.

L'appel à la « société civile », longtemps à la mode, a été un premier subterfuge, présenté, pour des raisons qui n'ont jamais vraiment été explicitées, comme un correctif à la démocratie représentative. Il s'est d'abord exprimé, dans les années 70, par la promotion du rôle des associations. Les expériences d'« associationnisme » local démontrent que, étant donné la composition sociale des structures d'« auto-organisation de la société civile », l'intervention des associations (par consultation ou par gestion directe d'équipements) se révèle moins démocratique que le simple pouvoir de décision d'un élu soumis au suffrage universel : le notable local classique se montre souvent plus soucieux des sans-voix et des « inorganisés[1] ». Néanmoins, les associations perdurent au niveau national sous la forme d'institutions qui n'ont souvent plus qu'un lointain rapport avec leur définition, car elles résultent moins de l'« association » de citoyens réunis autour d'un objectif commun que de petites administrations autonomes : la plupart sont financées non plus par des cotisations, mais principalement par des subventions publiques. Il s'agit fréquemment, dans les domaines social et culturel, d'un autodémembrement de l'État sous la conduite de fonctionnaires, afin d'échapper précisément au contrôle démo-

1. Numéro spécial : « La démocratie par l'association ? », *Esprit*, juin 1978.

cratique[1]. Sur ce modèle, la gauche a tenté de pallier son éloignement du peuple par la création d'associations contestataires dépourvues d'adhérents mais dotées, grâce aux subventions publiques, de « salariés de la contestation[2] » dont le principal terrain est l'espace médiatique.

La *préférence pour le juge,* manifestée depuis quelques années par l'élite au pouvoir, de gauche comme de droite, constitue une autre manière de contourner le suffrage populaire. Le système démocratique, associant, selon la conception traditionnelle énoncée par Montesquieu, institutions directement soumises au pouvoir populaire et contrepoids juridiques autonomes, présente un déséquilibre croissant, ainsi que l'ont montré Yves Mény et Yves Surel[3] : le poids de l'élément « démocratique » se réduit au profit du pôle « constitutionnaliste ». Destiné à l'origine à simplement cadrer et tempérer les passions majoritaires, celui-ci prolifère à tous les niveaux – local, national, européen : cours constitutionnelles, banques centrales, comités d'éthique, juridictions et commissions diverses, de « sages » ou

1. Pierre-Patrick Kaltenbach, *Associations lucratives sans but*, Denoël, 1995.

2. Marcel Gauchet, « Les voies secrètes de la société libérale », *Le Débat*, septembre-octobre 2000.

3. Yves Mény et Yves Surel, *Par le peuple, pour le peuple. Le populisme et les démocraties*, Fayard, 2000.

d'« expertises », etc. L'espace de débat se réduit à des élites cooptées qui confisquent de plus en plus de décisions. Au point que c'est en dehors du Parlement qu'une formation de magistrats, le Conseil d'État, a théorisé et légitimé la naissance de ces « autorités administratives indépendantes ». Il les a définies comme « des organismes administratifs, qui agissent au nom de l'État et disposent d'un réel pouvoir, sans pour autant relever de l'autorité du gouvernement », tout en reconnaissant qu'il s'agit là d'une entorse au regard des « principes traditionnels d'organisation de l'État[1] ». Le Conseil d'État a ainsi répertorié trente-quatre autorités administratives indépendantes agissant dans des domaines très différents, de la fixation du prix de l'électricité aux règles de retransmission télévisée des compétitions sportives. Car il s'agit non pas de commissions de « sages » livrant, en fin de carrière et en toute indépendance, le fruit de leurs expériences, mais de véritables organes décisionnaires, occupés par de jeunes technocrates bien rémunérés pour des postes qui comptent, dans la vie publique, mais aussi dans la carrière de ceux qui les occupent[2].

1. *Les Autorités administratives indépendantes*, Conseil d'État, La Documentation française, 2003.

2. Philippe Cohen, « Ces technocrates qui décident à la place des élus », *Marianne*, 25 août 2003.

Le modèle bruxellois – une élite européenne sans peuple européen – pèse sur cette évolution en offrant l'exemple de ses institutions (dans lesquelles l'Assemblée ne fait plus la loi, devenue l'affaire d'un exécutif et des ministres) et de son système de suffrage indirect, qui, comme le souligne Laurent Joffrin, rappelle la Constitution de l'an VIII, laquelle « réservait en fait le pouvoir aux notables », avec pour « but de neutraliser l'influence du peuple, jugé dangereux, inconstant et générateur de désordres[1] ». C'est sous l'influence de cette « oligarchie européenne » confiée aux experts et technocrates, « libérés » du peuple, que la conception traditionnelle tant de l'administration (des moyens mis au service des élus et contrôlés par eux) que des organismes consultatifs (des outils faits pour éclairer les élus) s'est modifiée.

Le geste de Lionel Jospin se défaussant de la question du voile, en 1989, en s'en remettant au Conseil d'État, est un exemple bien connu de cette abdication politique, cette fois au profit d'une assemblée de magistrats qui va modifier la conception française de la laïcité hors de tout processus démocratique et à rebours de l'avis majoritaire de la population. Quinze ans auront été ainsi perdus, et Jacques Chirac a failli commettre la même erreur en nommant, en 2003, une commission d'experts sans mandat à la place des deux commissions d'élus que l'Assemblée nationale et le Sénat avaient

1. Laurent Joffrin, *Le Gouvernement invisible. Naissance d'une démocratie sans le peuple*, Arléa, 2001.

créées dans le dessein, justement, d'entendre des experts. Cédant à l'*hubris* du consulté qui se prend pour le décideur, la commission Stasi, s'estimant plus légitime qu'une commission parlementaire, a été irritée par les avis qu'ont émis les hommes politiques[1]. Au lieu de se borner à éclairer les problèmes, elle s'est crue investie du pouvoir de proposer des solutions, par exemple l'ajout de deux jours fériés, parfois présenté par les médias comme un fait acquis. En refusant de valider ce qui était qualifié par certains journaux de « mesure » de la commission, Jacques Chirac a été contraint de donner l'impression d'un retour en arrière, alors qu'il a simplement rendu à l'autorité politique, qu'il représente, son pouvoir de décision. Le président a ainsi déçu les tenants de la *solution judiciaire* des problèmes politiques, qui, tel Daniel Soulez Larivière, pensaient que l'on était sorti de « schémas qui ont deux siècles, complètement emprisonnés par la toute-puissance du Parlement ». Le pourfendeur du « légicentrisme » républicain évoquait, au début de l'affaire du voile, « l'aberration qu'il y a à prétendre que le Parlement doit régler un problème comme celui-là : c'est

1. « Les politiques peuvent parler, ils seront amenés à se positionner en référence à notre rapport », expliquait un membre de la commission Stasi, laquelle aurait vécu comme une « blessure d'orgueil » le fait qu'un Premier ministre s'exprimât sur le voile à l'école (« Les membres de la commission Stasi sur la laïcité s'agacent des déclarations de M. Raffarin sur le foulard », *Le Monde*, 2 décembre 2003).

typiquement une question à régler par un juge qui est chargé de créer de la norme avec du microsocial ». Comme quoi la pratique du droit provoque, chez certains de ses techniciens, l'irrépressible désir de *faire,* pour de bon, *la loi !*

Le travail parlementaire des représentants du peuple occupe d'ailleurs de moins en moins de place dans les journaux. Il est significatif que la relation des débats à l'Assemblée nationale et au Sénat, qui a longtemps été considérée comme l'un des moments forts de l'actualité et comme un exercice essentiel du journalisme politique, n'occupe plus guère de place dans les journaux ni dans l'emploi du temps des journalistes politiques. Jusqu'au début des années 90, *Le Monde,* par exemple, entretenait des correspondants parlementaires qui suivaient tous les débats, de jour comme de nuit, et en faisaient pour les lecteurs la synthèse, avec extraits des interventions, dans des comptes rendus analytiques qui occupaient des pages entières. Ils ont disparu des exigences du « quotidien de référence ». Le débat politique a lieu non plus au Parlement, mais sur les plateaux de télé, où les critères de sélection des thèmes évoqués et des élus invités laissent peu de place aux préoccupations du peuple, réduit à des statistiques d'Audimat en guise d'expression[1].

1. Sébastien Rouquette, *L'Impopulaire Télévision populaire. Logiques sociales, professionnelles et normatives des palabres télévisées : 1958-2000*, L'Harmattan, 2001.

Si modernisée et rationalisée qu'elle soit, une démocratie reste quand même condamnée à recourir de temps à autre au suffrage populaire. Que faire, alors, pour que le peuple n'indispose pas ses dirigeants ?

D'abord, l'intimider. L'épisode du référendum sur le traité de Maastricht, en 1992, offre un florilège de ces mises en garde de l'élite en direction d'un peuple tenté de ne pas voter comme elle. Les partisans du non – élus comme électeurs – n'étaient pas « dignes de leur droit de vote » et se voyaient rejetés, à gauche comme à droite, hors de toute légitimité politique : « Moi, je leur ferai un seul conseil : Messieurs, ou vous changez d'attitude, ou vous abandonnez la politique. Il n'y a pas de place pour un tel discours, de tels comportements, dans une vraie démocratie qui respecte l'intelligence et le bon sens des citoyens » (Jacques Delors). « Ce sera un choix entre ceux qui ont raison et ceux qui ont tort » (Michel Rocard). « J'espère qu'on va pouvoir expliquer au peuple français qu'il se trompe » (Bernard Bosson). Pour le lui expliquer, le directeur du *Monde* de l'époque, Jacques Lesourne, mobilisa toutes les ressources de la pédagogie : « Un "non" au référendum serait pour la France la plus grande catastrophe depuis les désastres engendrés par l'arrivée de Hitler au pouvoir[1]. »

La peur du vote imprévisible d'un peuple imprévisible incite aussi à gêner ou/et contrôler l'exercice du

1. *Le Bêtisier de Maastricht*, Arléa, 1997.

suffrage universel par les conditions mises à la présentation des candidatures, voire à limiter ses effets par le choix de certaines règles électorales. C'est sur un projet de modification du mode de scrutin pour les élections régionales de 2004 que le gouvernement Raffarin a engagé sa responsabilité devant le Parlement, avant de le voir en partie retoqué par le Conseil constitutionnel. La départementalisation des listes régionales instaurée par la loi du 11 avril 2003 permet d'attribuer les sièges au prorata des voix obtenues dans chaque département. Conséquence prévisible : en faisant dépendre le nombre d'élus d'un département de son taux de participation, le nouveau mode de scrutin renforce le poids des départements à forte participation au détriment de ceux qui sont plus abstentionnistes. Or les premiers regroupent les plus riches, et les seconds, les plus populaires qui seront donc sous-représentés.

Reste enfin la tentation prohibitionniste : depuis vingt ans, certains leaders de gauche proposent invariablement d'interdire le Front national au lendemain d'élections ayant révélé une nouvelle « poussée de l'extrême droite[1] ». Il serait plus simple de revenir au

1. Il y a quelques années, un responsable du Parti socialiste, Jean Le Garrec, qui présentait au conseil régional du Nord-Pas-de-Calais un texte visant à interdire les conseils d'administration des lycées aux *élus* du Front national, s'étonnait qu'un ancien de la France libre, Maurice Schumann, votât contre...

droit de vote censitaire qui, au début du XIXe siècle, réservait le suffrage aux riches citoyens fiscalisés et dont le baron Haussmann conservait la nostalgie : « Paris appartient à la France et non à la population mobile de ses garnis qui fausse la signification des scrutins par l'expression de votes inintelligents. »

Lorsque ces « votes inintelligents » ne sont plus évitables, il convient de les dévaloriser en les qualifiant de votes « populistes ». Des *sous-votes*. Seul l'effet dépréciatif du terme « populiste » semble recherché, tant cet adjectif se voit régulièrement utilisé sans jamais être défini ni explicité, et sans que soient proposées de solutions pour remédier au « mal » qu'il est censé révéler. Le succès immédiat du mot « populiste » parmi l'élite exprime le malaise et l'embarras de celle-ci face au peuple, jugé déviant, et à ses votes, aussi inattendus qu'insupportables. Avec le sentiment qu'il vaut condamnation.

Or c'est un étrange retournement qui s'opère là : le terme « populiste » a en effet une autre généalogie, et son sens, en France, n'avait jusqu'alors rien de négatif. Historiquement, le terme « populisme » fait référence à deux mouvements précis. Le premier fut constitué par de jeunes intellectuels russes prônant, à la fin du XIXe siècle, un progressisme humaniste plutôt agraire, et qui se divisèrent vite entre partisans d'une autogestion des valeurs paysannes, adeptes du terrorisme antimonarchique et ralliés à la social-démocratie antiléniniste. Le second fut, à peu près à la même époque, un mouvement paysan américain issu de fermiers de l'Ouest, qui se traduisit par la brève existence d'un Parti du peuple fédéraliste dont la critique des désordres du capitalisme urbain devait trouver des échos dans le New Deal[1]. Par la suite, le terme a surtout été utilisé à propos d'expériences politiques d'Amérique latine menées, souvent sans briser le cadre démocratique, par des leaders démagogues[2].

En France, l'adjectif « populiste », créé en 1929 par Léon Lemonnier en référence au mouvement russe, faisait depuis longtemps l'objet d'un usage tout à fait positif : il désignait un style littéraire – le « réalisme social » – s'intéressant à l'univers des humbles, et dont les personnages, malgré un contexte social difficile, étaient dotés de sentiments et de valeurs universels. Le prix du Roman populiste, décerné chaque année à « un livre dont le peuple est le héros », fut créé en 1931 pour réagir à la fois contre la littérature académique des salons bourgeois, personnifiée par Henry Bordeaux, et contre l'évolution du naturalisme, illustré par Émile Zola et tombé dans un pessimisme misérabiliste. Il s'agissait aussi, à l'époque, de s'opposer à l'ouvriérisme béat de l'école de la « littérature prolétarienne », qui posait,

1. Christopher Lasch, *Le Seul et Vrai Paradis*, Climats, 2003.
2. Pierre-André Taguieff, *L'Illusion populiste*, Berg, 2002.

selon la formule de son chef de file, Henry Poulaille, que « le peuple va d'instinct vers le vrai, s'il n'écoute que lui-même ».

Avec le recul, le palmarès du Prix du Roman populiste se révèle plus intéressant que celui du Prix Goncourt, comme le montre la liste de ses lauréats, d'Eugène Dabit (le premier récompensé, pour *Hôtel du Nord*) et Jean-Paul Sartre (1940) à Rachid Boudjedra (1997) et Daniel Picouly (2001) en passant par Jules Romains (1932) et Louis Guilloux (1942)[1]. Les jurys de ce prix[2] ont toujours cherché à défendre l'accès du peuple – quelles que soient ses origines – à la culture ; de Henri Troyat, émigré russe qui apprit à lire le français dans les dictionnaires, à Cavanna, fils d'un immigré italien et d'une femme de ménage, à qui sa défense de la langue française et de l'école traditionnelle vaut aujourd'hui d'être taxé de « réactionnaire ».

Autre trace, peu réfutable, de l'usage longtemps bienveillant du terme « populisme » : dans son cata-

1. On peut relever parmi les autres lauréats, pour la plupart révélés à leurs débuts : Henri Troyat (1935), Emmanuel Roblès (1945), Armand Lanoux (1948), René Fallet (1950), Yves Gibeau (1954), Jean-Pierre Chabrol (1956), Christiane Rochefort (1961), Bernard Clavel (1962), Jean Hougron (1965), Raymond Jean (1975), Alain Gerber (1976), Leïla Sebbar (1985), Gérard Mordillat (1987), Daniel Rondeau (1988), Jean Vautrin (1994), etc.

2. Les onze membres actuels du jury du Prix du Roman populiste sont : Alexandre Astruc, François Cavanna, Joseph Da Costa, Nicky Fasquelle, Raymond Jean, Daniel Picouly, Claude Poulain, Patrick Rambaud, Dominique Sicot, Jean Vautrin et Georges Wolinski.

logue de ce qu'il faut penser des catégories sociales et de leurs habitudes, Pierre Bourdieu ne l'utilise qu'à propos de Georges Brassens, lequel, avec sa « poésie populiste dans la tradition de l'école primaire », tenterait, selon lui, « d'ennoblir ce genre mineur qu'est la chanson » et symboliserait ainsi la « prétention artistique des classes moyennes » qui cherchent à se distinguer des « chanteurs favoris des classes populaires tels Mireille Mathieu, Adamo, Aznavour ou Tino Rossi[1] ».

Alors qu'il n'était venu à l'idée de personne de l'évoquer à propos de l'ouvriérisme caricatural de l'extrême gauche soixante-huitarde[2], le terme « populisme » a été mis à toutes les sauces pour stigmatiser aussi bien la CGT, Mireille Dumas, Jean-Pierre Chevènement et de Gaulle que… le *Guide Michelin*[3]. Une formule jugée coupable – « mon premier devoir est de faire en sorte qu'il y ait du travail » – a valu à Jean-Pierre Raffarin cette condamnation de la part de l'éditorialiste du

---

1. Pierre Bourdieu, *La Distinction, critique sociale du jugement*, Minuit, 1979.

2. Le tout récent et très scrupuleux *Dictionnaire des synonymes et mots de sens voisin*, d'Henri Bertaud du Chazaud (Gallimard, 2003), ne donne pour sa part qu'un synonyme de « populisme » : « gauchisme »...

3. « Michelin : centenaire, jésuite, moderniste et populiste », *Le Nouvel Observateur*, 21 mars 1998.

Monde : « Ce discours nourrit un populisme que l'on croyait réservé à certaines franges du spectre politique[1]. » Finissant par faire sienne la nouvelle définition médiatique du terme (populisme = démagogie), le grand public n'en adresse pas moins un pied de nez aux hommes politiques : interrogés par la Sofres, en février 1995, sur le populisme de ces derniers, les Français ont désigné comme maîtres en la matière Jack Lang et Jacques Chirac, devant Jean-Marie Le Pen et Charles Pasqua...

Sans nier l'existence d'un phénomène sociopolitique appelé « populisme », catégorie qui relève de la science politique, Pierre-André Taguieff considère que l'apparition récente en France d'un usage polémique de ce terme a transformé celui-ci en « étiquette disqualificatoire » pour diaboliser le souci du peuple et de ses inquiétudes[2]. « Le mot fonctionnerait au rappel à l'ordre à la fois de ce qu'il serait désormais interdit de faire en politique – prendre en considération le "peuple" – et de ce qu'il serait préférable d'accomplir : s'adresser à l'opinion compétente », note de son côté Annie Collovald, qui soupçonne une volonté de « délégitimation de tous ceux pour qui le peuple est une cause à défendre, au profit de la légiti-

1. *Le Monde*, 6 septembre 2003.
2. Pierre-André Taguieff, *L'Illusion populiste*, *op. cit.*

mation de ceux pour qui le peuple est un problème à résoudre[1] ».

Dans un régime démocratique, cette stratégie de la condamnation et de l'exclusion est suicidaire. Car – c'est à la fois sa grandeur et sa difficulté – il n'y a pas de démocratie sans le peuple. Et, à mesure qu'il se sent abandonné, méprisé, voire diabolisé, le peuple se raccroche à son dernier recours : le bulletin de vote, qui finit par apparaître à beaucoup d'électeurs comme le seul moyen de se faire entendre d'élites sourdes en recourant à la seule méthode à quoi elles se montrent encore sensibles : la transgression. « C'est ce qui leur reste : un bras d'honneur à faire aux gens corrects », estime Emmanuel Todd. « Le vote Le Pen est leur cocktail Molotov. C'est leur façon de brûler des voitures », selon David Martin-Castelnau.

La plupart des électeurs lepénistes ont parfaitement conscience du caractère transgressif et répréhensible de leur vote, qu'ils expriment souvent clandestinement, avec ruse et duplicité, comme s'en plaignent les sondeurs : « Soit ils ne se prononcent pas, soit ils mentent », se lamente Gaël Sliman, de

1. Annie Collovald, « Le national-populisme ou le fascisme disparu », in *Le Mythe de l'allergie française au fascisme*, sous la direction de Michel Dobry, Albin Michel, 2003.

BVA[1]. Les sondages à la sortie des urnes montrent que la majorité des ouvriers et des chômeurs ayant choisi l'extrême droite ou l'extrême gauche ont voulu moins voter pour les programmes présentés qu'émettre une protestation : 65 % des électeurs d'Arlette Laguiller, 58 % de ceux d'Olivier Besancenot et 59 % de ceux de Jean-Marie Le Pen ne souhaitaient pas leur élection. 22 % des électeurs de Jean-Marie Le Pen ont même jugé que sa présence au second tour était « dangereuse pour la démocratie ».

Cette ambivalence du vote populaire n'est pas comprise par des élites en proie – surtout à gauche – à une idéalisation inversée du peuple : après l'avoir survalorisé, « angélisé » et mis au centre de leurs croyances politiques d'antan, elles le diabolisent désormais. Le mépris du peuple est au cœur des deux démarches. Là réside le problème de l'élite française : elle *invente* toujours le peuple. Hier, pour lui donner systématiquement raison ; aujourd'hui, pour lui donner toujours tort.

---

1. Ce qui complique un métier devenu très difficile : certains sondeurs avouent aujourd'hui en privé que plus de la moitié des personnes interrogées refusant de collaborer, l'essentiel de leur tâche – et de leur talent – consiste à « redresser » les réponses de ceux qui acceptent encore de s'exprimer : les gens *polis* et ceux qui ont *besoin de parler*. Catégories respectables mais qui ne constituent pas un échantillon représentatif de la population...

Or le peuple réel est capable du meilleur comme du pire. Mais l'école historique française a été tellement encombrée d'historiens qui faisaient du peuple, il n'y a guère, le moteur de l'histoire, que la plupart d'entre eux se désintéressent aujourd'hui du sujet et n'ont pas envie de revenir sur les lieux de leurs erreurs passées ou de celles de leurs aînés. Estimant s'être compromis jusqu'au cou dans le militantisme totalitaire, certains intellectuels vont jusqu'à penser que le crime commence avec le souci de l'autre. D'où leur obsession : être vigilants à l'égard d'eux-mêmes, pour éviter une rechute, comme ces ex-alcooliques paniqués au moindre verre de vin, au point d'en priver leur entourage, ou ces ex-fumeurs allergiques à la fumée de leurs anciens congénères.

Après la longue parenthèse de l'illusion communiste, nous sommes simplement revenus à l'ambivalence du peuple, laquelle n'est pas une découverte : « Quelquefois avec cent mille bras il renverse tout ; quelquefois avec cent mille pieds il ne va que comme les insectes », observait déjà Montesquieu. Il ajoutait que « le peuple sent bien plus qu'il ne raisonne », et qu'il « procède par efforts momentanés et impulsions soudaines ». Et Robespierre notait de son côté que le « véritable défenseur du peuple doit le mettre en garde contre ses propres défauts », parmi lesquels celui qui consiste à être la « dupe des charlatans politiques ». Il faut faire le deuil de la positivité ou de la négativité du peuple, comme nous y invite Pierre-André Taguieff : « À la sécession des élites vis-à-vis du peuple répond la révolte du peuple contre les élites. Est-il besoin de souligner que la révolte contre les élites n'est pas en elle-même une action noble et vertueuse ? Elle n'est pas exempte de haine et d'envie[1]. » Il faut rompre avec cette « rhétorique vague et axiologique » qui a tant servi « soit pour déprécier le peuple, soit pour le glorifier[2] ».

Le peuple n'a pas toujours raison. Mais il n'agit jamais sans raisons : il y a une « politique du peuple », selon la formule de Roger Dupuy, un historien qui s'intéresse au peuple tel qu'il est[3]. Son travail lumineux et précieux pour comprendre l'apparente irrationalité populaire a été largement passé sous silence, peut-être parce que sa lecture du rapport entre le peuple et les élites concerne beaucoup ces dernières.

Roger Dupuy continue de penser que le peuple est un acteur essentiel de l'histoire, mais un acteur chaotique dont la « politique » est faite de résistance, d'inertie, d'impatience, de brutalité et d'incohérence. C'est le même peuple qui incendiait les

1. Pierre-André Taguieff, *L'Illusion populiste*, *op. cit.*

2. Julien Freund, *L'Essence du politique*, Sirey, 1986.

3. Roger Dupuy, *La Politique du peuple. Racines, permanences et ambiguïtés du populisme*, Albin Michel, 2002.

châteaux en 1789, lors de la Grande Peur, et qui rejoignit les chouans en 1793. Derrière ce mystère apparent existe malgré tout, selon lui, une rationalité des manifestations du peuple, qu'il est également stérile d'approuver ou de rejeter, mais qu'il convient d'abord de comprendre. L'historien montre comment les communautés populaires urbaines ou rurales de l'Ancien Régime avaient pleinement conscience de leurs intérêts, qu'elles entendaient défendre par tous les moyens à leur disposition, de la rébellion violente à la résistance passive en passant par le sabotage. Ainsi, en 1789, si la jacquerie se métamorphosa, le 4 août, c'est parce qu'elle rencontra le programme de la révolution bourgeoise qui allait offrir une traduction juridique à ses désirs immédiats. D'où le succès de la Révolution, qui n'aurait pas abouti sans la puissance et l'énergie des masses populaires. En revanche, quand le processus révolutionnaire n'est pas compris, qu'il est trop brutal ou qu'il diverge de ses intérêts à court terme, le même peuple s'en retire, résiste ou s'oppose violemment, comme ce fut le cas avec les rébellions des bocages de l'Ouest ou du Massif central. La force du peuple, souvent rude et peu subtile, est au cœur de la plupart des événements historiques. Le peuple de Paris permet 1789, provoque la chute du roi en 1830 et en 1848. À la fois terreau de la démocratie et danger pour elle, la politique du peuple, c'est de la dynamite, prévient

Roger Dupuy en observant son style d'intervention, difficile à décrypter parce qu'il associe silence et revendications immédiates, orgueil et sens suicidaire de l'honneur, toutes options qui marquent une difficulté à accepter les contraintes de l'exercice politique.

Outre l'obstacle que constitue l'expression rudimentaire de cette politique du peuple, l'historiographie n'a jamais été encline à en aborder l'entendement. La plupart des commentateurs de droite, qui ne voient que de l'infrapolitique dans ce langage brut, privilégient les élites comme acteur légitime, qu'elles soient définies, selon les époques, par la tradition, par l'hérédité, par la sélection naturelle ou par le jeu du marché. De François Guizot à Alain Minc, tous n'accordent de crédit qu'à l'action des gens éduqués et libérés des contingences immédiates. L'historiographie marxiste, elle, attribue au peuple un rôle central, mais il s'agit en fait d'un rôle de figuration massive dans le récit « scientifique » de la lutte des classes, élaboré par des intellectuels qui décident seuls de l'épilogue.

Roger Dupuy désacralise donc le peuple autant qu'il le réhabilite. Il nous libère des a priori aristocratique, bourgeois et marxiste. Mais, surtout, il rend les élites coresponsables des errements du peuple. Il constate en effet que les grands moments historiques correspondent à l'articulation heureuse de la politique du peuple avec les projets d'une élite : la Fronde, 1789, les débuts de la IIIe République, le Front populaire, le gaullisme. La fécondité historique dépend de l'accord entre le peuple et ses élites. La politique du peuple peut donc déboucher sur Boulanger ou Jaurès, sur Poujade ou de Gaulle. Mais l'élite est, dans tous les cas, actrice de cette alchimie historique. La politique du peuple est une demande : pour qu'elle tourne bien, il faut qu'il y ait une offre. Celle-ci ne va pas sans un souci minimal du peuple, qui est un devoir de l'élite. Peu importe que ce souci recouvre un paternalisme inspiré par l'intérêt, ou un réalisme nourri par la crainte, ou bien qu'il soit suscité par l'altruisme. L'important est la conjonction, si conflictuelle qu'elle soit, de ce souci et de cette demande, comme le pensait Jaurès : « Les deux classes antagonistes ont un intérêt réciproque à ce que chacune d'entre elles ait la force intellectuelle et morale la plus haute » ; « le conflit qui les divise les exalte ». L'élite responsable est celle qui pense la société au-delà de ses intérêts, non sans risques : « La bourgeoisie révolutionnaire, pour combattre le haut, devait s'élever jusqu'à l'humanité, au risque de dépasser elle-même son propre droit et d'avertir au loin un droit nouveau. C'est cette intrépidité de classe, c'est cette audace à forger des armes souveraines, dût l'Histoire un jour les retourner contre le vainqueur, qui fait la grandeur de la bourgeoisie révolutionnaire. »

Ce « risque », inhérent à la recherche de l'assentiment du peuple, les élites ne veulent plus le prendre, refusant ce rôle de « frères aînés » du peuple que Gambetta leur demandait de jouer et qu'ont su remplir, à leur manière, tant d'instituteurs, de normaliens et de notables sous la IIIe République, tant de militants de l'Action catholique dans les années 50, tant de grands commis de l'État sous le gaullisme. La « conscience d'une obligation vis-à-vis de la société » fait aujourd'hui soudainement défaut parmi les élites, ainsi que le sentait il y a déjà longtemps Paul Thibaud, qui n'hésitait pas à employer l'expression d'« abandon civique » : « Un patron écrit un livre à succès sur la "France paresseuse", un brillant énarque s'affiche au service de Carlo De Benedetti, un homme comme Simon Nora, dont le parcours symbolise les vertus de l'État modernisateur, devient conseiller d'une banque américaine. En somme, chacun joue son jeu, on ne se gêne plus, le sentiment de leur mission civique a déserté les élites de la République[1]. » Cette dépression cynique doit beaucoup à l'« effondrement du politique », entraîné et assumé par le mitterrandisme, et qui « ne laisse intacte aucune autre légitimité que celle des gestionnaires, considérant qu'ils doivent tout à

1. Paul Thibaud, « L'élite, le peuple, le démagogue », *Esprit*, juin 1988.

leurs compétences et qu'ils n'ont donc de comptes à rendre à personne » : « Quand il n'y a plus de projet politique, l'idée même de justice sociale cesse d'être vivante. Les élites de l'État n'ont rien perdu de leurs pouvoirs (bien au contraire), elles ont beaucoup abandonné de leurs devoirs. » Et elles ont de plus en plus tendance à adopter elles-mêmes le mode d'expression sommaire et limité de la politique du peuple, fait d'immédiateté, d'émotivité et d'impulsivité.

La destruction de l'école républicaine, en réduisant l'accès des enfants du peuple au cercle de l'élite dirigeante, affaiblit aussi ce sens du devoir altruiste de l'élite, l'influence d'un dirigeant issu du peuple entretenant souvent, à l'inverse, cette préoccupation. Roger Dupuy note que la politique du peuple, chaotique au XIXᵉ siècle, s'apaise en 1881 avec la création des grands partis républicains autour du suffrage universel : pendant un siècle, le républicanisme sera animé par le souci d'inviter le peuple à participer à la chose publique et de le former pour qu'il puisse s'y associer, la commune et la vie municipale jouant un rôle particulier dans cette association aux affaires de la cité, le bilan de la méritocratie républicaine étant bien moins marginal et symbolique qu'on ne le prétend aujourd'hui pour s'en débarrasser. C'est cet abandon civique qui autorise désormais à parler d'« oligarchie » (« caste qui se sert elle-même en se servant de son pays ») plutôt que d'élite (« constituée de l'excellence qui le sert »), comme le suggère Gabriel Galice : « Les lettrés et les instruits d'une nation ne sont l'élite que s'ils rendent son dû au peuple, s'ils se sentent partie prenante du peuple, s'ils ont le souci de servir leur pays autant que leurs intérêts[1]. »

À long terme, il n'y a d'ailleurs pas d'intérêts particuliers indépendants de l'intérêt collectif. « La décomposition politique suit une trajectoire parallèle au renoncement graduel des élites à sauvegarder les populations », note Philippe Cohen : « Les citoyens se détournent d'un pouvoir qui ne parvient même plus à donner l'illusion de les préserver des menaces du présent et des incertitudes de l'avenir. Si, désormais, Bébéar nous protège mieux que Chirac, mieux vaut payer que voter. Mais, du même coup, les élites risquent fort de voir s'évanouir leur pouvoir. Pour elles, désormais, l'alternative est simple : protéger ou disparaître[2]. »

On se rappelle que l'une des grandes contributions de l'élite gauchiste ralliée au mitterrandisme et à la nécessité d'un second septennat fut d'en appeler à la fin des « tabous collectifs relatifs à la protection

1. Gabriel Galice, *Du peuple nation. Essai sur le milieu national des peuples d'Europe*, préface de Jean-Pierre Chevènement, Mario Mella Éditions, 2002.

2. Philippe Cohen, *Protéger ou disparaître. Les élites face à la montée des insécurités*, Gallimard, 1999.

sociale[1] ». L'opposition entre « risque » et « protection » relève non seulement de l'égoïsme social, mais aussi de l'absurdité économique : c'est l'assurance d'un minimum de protection qui permet de prendre de vrais risques[2]. Cela, l'élite le sait, pour le pratiquer à son endroit, mais entend s'en faire un monopole. Ce que le peuple a bien compris en se crispant sur ce qui lui reste, comme le soulignait Paul Thibaud il y a quinze ans déjà : « La mise en cause des droits sociaux, l'effacement de l'État, le fait que les élites se détournent des problèmes provinciaux qui accablent la société française pour prendre position dans un cadre européen ou mondial, tout cela ne peut au contraire que susciter des mouvements de panique, de fermeture ; comment veut-on que les plus isolés et les plus démunis acceptent les obligations correspondant aux valeurs républicaines, quand

1. Marin Karmitz, Bernard Kouchner, Bernard-Henri Lévy, *Le Monde*, 22 avril 1988. Quelques semaines plus tard, le parachutage de Bernard Kouchner, dans la 20e circonscription du Nord aux élections législatives de juin, se soldait par un *crash* retentissant, au terme d'une campagne au cours de laquelle, « circulant dans une luxueuse voiture officielle noire », il fut davantage poursuivi et harcelé par les journalistes que par les électeurs potentiels. Ce bastion ouvrier du Valenciennois n'a pas supporté « son discours autour d'analogies renvoyant à son terrain de prédilection, à savoir l'humanitaire et, plus particulièrement, l'intervention dans les situations désespérées, notamment dans le Tiers-Monde ». (Élise Feron, in *Le Parachutage politique*, sous la direction de Bernard Dolez et Michel Hastings, L'Harmattan, 2003.)

2. Philippe Cohen, *Protéger ou disparaître*, *op. cit.*

on conteste les garanties qui en étaient la contrepartie[1] ? »

D'où l'indécence du débat lancé depuis quelques années par des soixante-huitards, devenus maîtres à penser du Medef, sur les « risquophobes » et les « risquophiles ». Comme si la société n'était plus qu'un univers d'égaux et d'acteurs libres confrontés au jeu économique ! Le risque, qui n'est pas une valeur en soi, n'est producteur, collectivement, que s'il est choisi par chacun avec un espoir d'amélioration et un sentiment de partage : « Un grand peuple ne se rassemble pas sans risque. Un grand peuple se rassemble sur ses élites, ce qui ne veut pas dire sur telle ou telle classe de citoyens, mais sur ceux qui sont disposés à prendre ce risque[2]. »

Or l'inégalité face au risque, flagrante, en annihile toutes les ressources. Le peuple, sur la défensive, appelé à prendre des risques dont il n'entrevoit guère la contrepartie depuis vingt ans, constate en revanche aisément que les idéologues du « risque pour tous » fonctionnent en véritable société féodale s'auto-amnistiant (Crédit lyonnais), s'autoprotégeant et s'assurant en cas d'échec des consolations (« golden parachutes ») dignes du Loto. Face à cette duperie, la

1. Paul Thibaud, « L'élite, le peuple, le démagogue », *op. cit.*

2. Georges Bernanos, « La France devant le monde de demain », in *La Liberté pour quoi faire ? Essais et écrits de combat*, II, Gallimard, 1995.

crispation du peuple sur ses « avantages acquis » et sur ses traditions s'apparente à une réaction de survie : dénué de patrimoine et de parachutes dorés, lui a tout à perdre. Comment pourrait-il prendre au sérieux ces cohortes d'énarques pensionnés à vie qui assurent que c'en est fini de la stabilité de l'emploi, qu'il faut « se remettre en question », « changer de métier plusieurs fois dans sa vie », « s'adapter » et ne pas être « frileux » ? Le symbole caricatural de cette mystification fut Édouard Balladur, bien saisi par Plantu en aristocrate installé dans sa chaise à porteurs : comment le peuple aurait-il pu considérer comme recevables les leçons de modernisation et l'appel aux efforts et aux sacrifices de ce représentant d'une noblesse d'État inamovible, qui a tété aux plus injustifiables sinécures qu'elle se réserve, tels les émargements, treize ans durant, de président de la Société Autoroutes et tunnel du Mont-Blanc (50 000 francs par mois, 300 000 francs annuels de frais de représentation, appartement de fonction, voiture avec chauffeur), avant de prendre à soixante ans sa retraite d'un Conseil d'État où il n'a guère mis les pieds[1] ?

---

1. Sept ans après avoir quitté cette sinécure et alors qu'il était ministre d'État, ministre de l'Économie et des Finances, Édouard Balladur occupait toujours, tous frais payés, trois appartements de fonction mis à la disposition de sa famille à Chamonix. Ses collègues de la Cour des comptes ou de l'Inspection des finances n'ont rien vu là qui ressemblât à un quelconque *abus de biens d'État*.

Quelle image ces élites ont-elles du peuple pour imaginer que lui échappe le « non-dit » de leurs « célébrations néolibérales » et de leurs « hymnes à la mobilité » ? « Elles oublient de souligner – ce qui est pourtant le constat sociologique le plus élémentaire – que cette mise en mobilité généralisée introduit de nouveaux clivages dans le monde du travail et le monde social. Il y a les gagnants du changement qui peuvent se saisir des opportunités nouvelles et se réaliser à travers elles sur le plan professionnel et sur le plan personnel. Mais il y a aussi tous ceux qui ne peuvent pas faire face à cette redistribution des cartes et se trouvent invalidés par la nouvelle conjoncture[1]. » Pour ceux qui ne possèdent ni biens, ni capitaux, ni « golden parachutes », ni compréhension de ce qui se passe, les protections ne peuvent être que collectives, et ils ne peuvent parfois plus compter que sur le droit du travail, son Code, ses conventions collectives et ses dispositions légales. Or, « ce à quoi on a assisté au long de ces vingt dernières années, c'est en fait à une transformation profonde, dans le sens de la dégradation, de la conception de la solidarité » : le risque ne peut être le « moteur du progrès » dans « une société elle-même en proie à la peur ». Loin de défendre le principe des avantages acquis, et prenant acte de la métamorphose du capitalisme, de la mise en mobilité

1. Robert Castel, *L'Insécurité sociale. Qu'est-ce qu'être protégé ?*, Seuil, 2003.

générale des travailleurs et de l'individualisation des tâches et des statuts, Robert Castel recommande d'« adapter notre système de protections à tout cela, et non [d']y renoncer ». C'est l'inégalité considérable face au risque qui provoque le « ressentiment à l'égard d'autres groupes et de leurs représentants politiques qui tirent les bénéfices du changement en se désintéressant du sort des perdants ».

Le spectacle des *golden boys* du mitterrandisme et du balladurisme se partageant en féodaux les dépouilles du colbertisme (Elf, Crédit lyonnais, Générale des eaux) dans la corruption, la folie des grandeurs et la dilapidation de l'argent public, ne prônant les rigoureuses lois du libéralisme que pour les « petits », aura plus contribué au blocage des réformes que les réactions « risquophobes » du peuple. Il existe certes des corporatismes à tous les étages de la société. Mais il n'est ni moral ni réaliste de demander beaucoup à ceux qui ont peu et rien à ceux qui ont tout. Le blocage actuel résulte d'une double inconscience d'élites vivant de plus en plus à l'écart des réalités du peuple : ne s'intéressant pas à lui, elles ne mesurent pas la gravité de la destruction matérielle et morale des classes populaires, et n'imaginent pas à quel point le spectacle qu'elles donnent entretient le ressentiment parmi les simples citoyens.

Seul un choc politique de grande ampleur pourrait enrayer ce cercle vicieux où l'inconscience des uns alimente la déréliction des autres : une redistribution consistante des ressources, allouant des moyens matériels à la hauteur des nécessités tout en mettant publiquement à contribution ceux qui ont tout. Les ordres de grandeur du partage social doivent changer. Alors que le Conseil d'analyse économique estime que 7,5 % des Français sont en situation de « catastrophe sociale », à peine 0,36 % du produit intérieur brut est consacré à la politique de la ville. Chiffre dérisoire, comparé non seulement aux besoins, mais aussi aux possibilités : l'Allemagne a consacré 3,5 % de son PIB pendant dix ans à la mise à niveau de 25 % de sa population après la réunification de 1990. C'est un effort similaire, exceptionnel, qui s'impose en France. Et, surtout, un effort qui engagerait chacun. Lors de l'arrivée de Lionel Jospin à Matignon, en 1997, Paul Thibaud avait proposé un tel partage social, puisant dans les richesses résultant de l'énorme inégalité sociale et générationnelle qui s'est creusée au fil de ces dernières décennies au profit des tranches âgées et aisées de la population. Celles-ci possèdent aujourd'hui la majorité d'un patrimoine qu'elles ont vu croître grâce à des taux d'intérêt négatifs et à des Sicav à rendement élevé, au détriment des sans-biens. Paul Thibaud avait émis l'idée d'un prélèvement exceptionnel sur ces patrimoines des particuliers : en exemptant ceux de moins d'un million de francs par ménage, et en accordant une franchise équivalente aux autres, restait une base de *16 000 milliards* possédés par 30 %

des Français. Une ponction réaliste de 12 % – soit quatre contributions annuelles de 1 à 4 %, selon la valeur du patrimoine – aurait permis de rembourser plus de la moitié de la dette publique actuelle, qui pèse sur les générations à venir, diminuant du même coup la charge budgétaire d'environ 10 % : de quoi financer ce « plan Marshall pour les banlieues » dont tant d'hommes politiques parlent sans s'en donner les moyens[1]. Ces chiffres, et leur ordre de grandeur, montrent que les ressources existent pour créer une offre politique réelle et audible par tous.

À condition de s'adresser au peuple. Ce qui suppose un préalable : considérer non seulement qu'il est possible de le sauver, mais qu'il peut se sauver lui-même. La gauche n'en est pas encore là, une partie d'entre elle appliquant encore les conseils énoncés en 1997 par Julien Dray : « Il faut culpabiliser ceux qui votent Front national : on ne peut discuter avec eux ; donc il faut qu'ils se sentent seuls. Ils finiront par se dire qu'ils sont cons[2]. » Depuis, Julien Dray, qui s'est rendu célèbre par sa « passion » pour les montres à plus de 200 000 francs que l'on ne trouve à Paris que chez les bijoutiers de la place Vendôme, a été nommé porte-parole du Parti socialiste. La thèse de la résurgence du fascisme fournit toutes les « bonnes raisons

1. Paul Thibaud, « Ce qu'il faut faire », *L'Express*, 19 juin 1997.
2. *Libération*, 26 mars 1997.

de ne pas s'affoler » : « C'est l'évidence même, le passé est voué à rester du passé[1]. » Or il suffit d'observer les vingt dernières années pour comprendre que le Front national, qui ne cesse de progresser, a un avenir, et que la simple condamnation de ses électeurs semble plus le favoriser que le freiner.

Le débat sur la rédemption du peuple pécheur commence à peine, tant sur le sens du péché que sur ce qui l'a rendu possible. Contre Alain Touraine, qui pense que le populisme a toujours été « le refus de toutes les institutions et de tous les systèmes de représentation[2] ». Marcel Gauchet considère au contraire que ce vote de transgression n'est pas « contestation, mais demande de démocratie ». Le politologue Pascal Perrineau estime également que « la dimension protestataire demeure essentielle », et l'historien Jean-François Sirinelli met en garde contre « le danger que cet électorat FN ait le sentiment que le vote ne sert à rien quand c'est le sien » : « La fracture politique deviendrait alors une fracture républicaine. C'est pour cela qu'il faut s'inquiéter, au nom même de la démocratie, des effets pervers de slogans trop radicaux de certains antilepénistes. »

1. Pierre-André Taguieff, *Résister au bougisme. Démocratie forte contre mondialisation techno-marchande*, Mille et Une Nuits, 2001.

2. Alain Touraine, *Comment sortir du libéralisme ?*, Fayard, 1999.

Le 21 avril aura eu au moins un effet notable : souvent pour la première fois depuis 1984, plusieurs médias[1] se sont résolus à donner la parole à des électeurs lepénistes et à les laisser s'expliquer, troquant les habituelles caricatures poujadistes et racistes pour des exemples plus gênants, tel ce fils de gardien d'immeuble portugais, animateur social de rue à 1 128 euros mensuels, qui déclarait dans *Le Monde* que « voter Le Pen, c'est avoir du pouvoir ». Mais si l'antilepénisme de gauche tarde à répondre à ce genre de propos, ou même à se préoccuper de ce peuple perdu, c'est grâce à Jean-Marie Le Pen lui-même : le leader du Front national constitue une créature très commode, qui a beaucoup servi et peut servir encore. S'il n'existait pas, qui oserait inventer un épouvantail aussi complet, ayant joué avec tant de bonne volonté de toutes les ambiguïtés dans un maximum de registres : pétainisme, torture en Algérie, négationnisme, racisme, antisémitisme, etc. ? Son pedigree répulsif permet de disqualifier la partie du peuple qui le suit, tout en en retenant une autre partie, tout aussi sinistrée, de franchir la ligne jaune qui donnerait à Le Pen la possibilité d'accéder au pouvoir.

En réalité, loin d'être un danger, Jean-Marie Le Pen constitue un archaïsme provisoire qui freine la montée du populisme d'extrême droite. Lui-même semble complice de ce rôle tant son comportement, depuis des

1. *L'Express* (17 avril 2003), *Libération* (19 avril 2003), *Le Monde* (22 avril et 2 juin 2003).

années, paraît marqué par la hantise d'accéder un jour au pouvoir. Installé dans le jeu politique par le machiavélisme mitterrandien, Jean-Marie Le Pen en est devenu la figure centrale, autant par son succès que par le rejet qu'il inspire. Aussi bien par l'effet d'invalidation morale des votes populaires lepénisés qui l'ont fuie que par l'affaiblissement de la droite que ces votes ont entraîné, la gauche a longtemps été la principale bénéficiaire des dégâts commis par le Front national.

Le politologue Pierre Martin, spécialiste des « réalignements électoraux », estime ainsi que nous vivons toujours sous le règne de l'« ordre électoral » mis en place en 1984 et aimanté par les polarités inverses de Jean-Marie Le Pen, qui « joue le rôle de "l'homme que vous aimerez haïr" », mais dont la disparition « provoquerait une déstabilisation par "perte de l'ennemi" dont beaucoup auraient du mal à se remettre[1] ».

Cet « effet Le Pen » a fonctionné depuis 1984. Cependant, son rendement est décroissant. Il a encore joué à plein lors de la dernière élection présidentielle, en 2002, mais au prix élevé de l'enrôlement républicain de Jacques Chirac : en une semaine, la gauche et l'extrême gauche ont dû faire oublier qu'il était un *voleur à livrer à la justice,* et le métamorphoser subite-

1. Pierre Martin, « Les élections de 2002 constituent-elles un "moment de rupture" dans la vie politique française ? », *Revue française de sciences politiques*, octobre-décembre 2002.

ment en *rempart contre le fascisme.* Malgré cela, Jean-Marie Le Pen a amélioré son score de 720 000 voix entre les deux tours, près de 20 % de ses électeurs du second tour n'ayant pas voté pour lui au premier (préférant alors, pour moitié d'entre eux, un candidat de gauche).

Mais un important chassé-croisé électoral montre que l'effet répulsif du leader d'extrême droite reste puissant : Jean-Marie Le Pen a perdu près du quart de ses électeurs du premier tour, les deux tiers d'entre eux s'étant reportés sur Jacques Chirac et un tiers ayant préféré l'abstention ou le vote blanc ou nul[1]. Cette « rectification de vote », peu commentée, tient à la personnalité dissuasive de Jean-Marie Le Pen, qui seule l'a empêché de rassembler au-delà de 30 % et d'incarner l'opposition à la place du PS.

Le Front national est resté une « force impuissante ». Jusqu'à quand ? Pierre Martin estime que cet « ordre électoral » mis en place en 1984 et confirmé par le second tour de la présidentielle, le 5 mai 2002, et les législatives qui ont suivi, les 9 et 16 juin, ne peut plus « cacher son usure » : « La rupture de l'ordre électoral en place depuis 1984 pourrait bien intervenir à la prochaine échéance présidentielle, au bout de cinq ans

1. Pascal Perrineau, « La surprise lepéniste et sa suite législative », in *Le Vote de tous les refus, les élections présidentielle et législatives de 2002*, sous la direction de Pascal Perrineau et Colette Ysmal, Presses de Sciences-Po, 2003.

de pouvoir sans partage. » La prégnance de la culture communiste, notamment, a retenu beaucoup d'ouvriers ou d'anciens ouvriers, désormais abstentionnistes, de passer au vote Front national. Cette inhibition pèsera de moins en moins fort sur les jeunes générations.

Jean-Marie Le Pen, qui a fait le maximum pour se policer et se dédiaboliser, ne peut plus réduire son effet de répulsion, qui semble avoir atteint un plancher. Sa personnalité constitue désormais un frein à la montée du populisme en France. Le modèle d'un Pym Fortuyn donne une image plus exacte de l'avenir du populisme. Dignes de la réaction d'une poule devant un couteau, le silence et la gêne de la presse française vis-à-vis du leader populiste néerlandais assassiné en mai 2002 tenaient à son équation politique, à laquelle l'antilepénisme routinier ne l'avait pas habituée : un homosexuel cool, ancien gauchiste, professeur d'université, adulé par des jeunes portant piercing, qui avait pour numéro deux un immigré d'origine africaine et qui traitait Jean-Marie Le Pen d'« antisémite » !... Rassemblant des Néerlandais de toutes les couleurs, Pym Fortuyn, qui s'était opposé à la « préférence nationale », avait réussi à détrôner les socialistes de Rotterdam par sa dénonciation de l'insécurité et par son procès du multiculturalisme différencialiste et sexiste[1].

1. Jean-Michel Demetz, « Requiem pour un populiste », *L'Express*, 16 mai 2002.

Nul doute qu'un tel programme rencontrerait en France plus de succès que les slogans rassis du Front national. C'est visiblement l'objectif de l'opération Marine Le Pen, qui essaie de larguer les dinosaures de l'extrême droite catholique en levant l'hypothèque sur le divorce et l'avortement, et dénonce publiquement les nervis fascistes qui traînent autour de son père, « groupuscules qui ont de tout petits cerveaux, une tendance à l'accoutrement vert-de-gris, de grosses chaussures, et détestent tout ce qui n'est pas blanc de peau ». Malgré le handicap de la filiation et du nom, elle peut gagner des voix sur le vote populaire féminin, jusqu'ici plus allergique au vote FN que l'électorat masculin. Mais d'autres peuvent faire encore mieux, tant la représentation populiste est affaire de génération spontanée et rapide, comme le montrent les exemples européens, de la Norvège à l'Italie en passant par le Danemark, la Flandre ou la Suisse.

Le peuple n'a plus d'existence que politique : la reconstitution d'un vote de classe autour de l'extrême droite devient une possibilité pratique. La gauche n'est plus marxiste, mais des électeurs n'en continuent pas moins de se déterminer en fonction de leur situation économique et sociale : « Les rapports sociaux les plus violents sont souvent les plus silencieux, ceux devant lesquels il n'existe pas de représentations constituées ni de discours organisés[1]. » Ce délitement de la représentation déstabilise le paysage électoral et fragilise les forces politiques traditionnelles, comme l'indique la baisse régulière des capacités des futurs présidents de la République à mobiliser au premier tour de l'élection présidentielle : en 1981, François Mitterrand fédérait 25,85% de l'électorat, en 1988, 34,09 % ; Jacques Chirac, 20,84 % en 1995 et 19,88 % en 2002.

Le périmètre électoral du populisme est donc déjà beaucoup plus étendu que celui du lepénisme, comme y insiste Gérard Le Gall : « Le populisme, quantitativement, se situe d'abord ailleurs qu'au Front national ! Il se disperse entre toutes les familles politiques, et légèrement plus à gauche, en raison de sa structure sociale, qu'à droite. Sur les thèmes de la corruption, de l'éloignement des hommes politiques, des élites, de la justice, une majorité, parfois forte, des sympathisants de gauche opine pour l'attitude "populiste"[2]. » Il y a de la marge : l'électorat populaire, divisé par l'obstacle Le Pen, est potentiellement trois fois plus nombreux que l'électorat des couches moyennes-supérieures que vise aujourd'hui le PS, et les résultats des élections législatives de juin 2002

---

1. Louis Chauvel, « Le retour des classes sociales ? », *Revue de l'Observatoire français des conjonctures économiques*, octobre 2001.

2. Gérard Le Gall, « Pourquoi le 21 avril ? », in *Sofres, L'État de l'opinion 2003*, Seuil, 2003.

montrent que « la fracture civique et la volonté du FN de l'exprimer sur le mode du rejet des "gens d'en haut" sont toujours là[1] » : le total de ceux qui ont rejeté la droite ou la gauche pour choisir l'abstention, le vote blanc ou nul, les chasseurs, l'extrême droite ou l'extrême gauche, représente près de la moitié (47 % des inscrits) du corps électoral.

Ainsi se profile la silhouette d'un peuple en déshérence que la gauche a laissé tomber, dont elle s'indigne et se réjouit à la fois de le voir en partie lepénisé. Mais elle oublie que les meilleures choses ont une fin : Jean-Marie Le Pen n'est pas éternel.

1. Pascal Perrineau, « La surprise lepéniste et sa suite législative », in *Le Vote de tous les refus. Les élections présidentielle et législatives de 2002*, *op. cit*.

TABLE

HISTOIRE D'UN DIVORCE

VOUS CHANGEZ ? CHANGEZ DE PEUPLE !

Cet ouvrage a été composé par
Paris PhotoComposition
75017 Paris

Impression réalisée sur CAMERON par
BRODARD ET TAUPIN
La Flèche

pour le compte des Éditions Fayard
en février 2004

Imprimé en France
Dépôt légal : mars 2004
N° d'éditeur : 44676 – N° d'impression : 22835
ISBN : 2-213-61790-2
35-57-1990-7/01